未来から選ばれる働き方

未来工作法

[日] 神田昌典　若山阳一◎著

朱悦玮◎译

北京时代华文书局

图书在版编目（CIP）数据

未来工作法 /（日）神田昌典，（日）若山阳一著；朱悦玮译.
-- 北京：北京时代华文书局，2017.1
ISBN 978-7-5699-2250-9

Ⅰ. ①未… Ⅱ. ①神… ②若… ③朱… Ⅲ. ①工作方法－通俗读物 Ⅳ. ①B026-49

中国版本图书馆 CIP 数据核字（2018）第 014432 号

未来工作法
Weilai Gongzuo Fa

著　　者 | [日] 神田昌典　若山阳一
译　　者 | 朱悦玮

出 版 人 | 王训海
选题策划 | 胡俊生
责任编辑 | 樊艳清　董　玥
装帧设计 | 谢元明　赵芝英
责任印制 | 刘　银

出版发行 | 北京时代华文书局 http://www.bjsdsj.com.cn
北京市东城区安定门外大街 136 号皇城国际大厦 A 座 8 楼
邮编：100011　电话：010-64267955　64267677
印　　刷 | 三河市祥达印刷包装有限公司　0316-3656589
（如发现印装质量问题，请与印刷厂联系调换）
开　　本 | 880mm×1230mm　1/32　印　　张 | 6.25　字　　数 | 108 千字
版　　次 | 2018 年 5 月第 1 版　印　　次 | 2018 年 5 月第 1 次印刷
书　　号 | ISBN 978-7-5699-2250-9
定　　价 | 42.00 元

前　言

◎ 对你来说，“失去后会让你感到最麻烦”的东西是什么？

手机？钱包？工作？健康？还是家庭？

当然，这个问题的回答因人而异……

但我认为，失去了以上这些都不是最麻烦的。

因为就算手机和钱包丢了，可能最初的几天会比较麻烦，但几天之后生活肯定会恢复平常。工作没了可以再找，总会找到一个适合自己的新工作。失去健康的话，只要有活下去的决心，就一定能够找到新的生活方式。至于因为死亡而失去重要的亲人，虽然是非常痛苦的事情，但毕竟生老病死是人生规律，所以这是必然要经历和跨越的事情。

我认为失去后最麻烦的是：没有意识到失去这件事本身。

因为没有意识到，所以就连自己存在的意义都失去了。

而就在过去的二十年间……我们都失去了这么重要的东西。

相信大家都听说过“失去的二十年”。

一般来说，失去的二十年指的是经济持续低迷的二十年，但我从本书的共同著者若山阳一氏那里得知了一个惊人的事实，那就是在过去的二十年里，我们失去的不只是经济成长。在这二十年间，我们失去了人生在世必不可少的东西——失去了“希望的能力”。

希望是生存的源泉，如果失去了希望，那么就意味着同时失去了思考的力量、感知的力量以及爱的力量。

所以如果公司不能够给为其工作的人提供一个能够自然而然地产生出希望的环境，那么公司就失去了作用。我们发现了其中的根本原因，如果不采取一些措施的话，国家的衰退将会是不可避免的。

前言

PREFACE

◎ 当一家公司无法支撑《海螺小姐》的时候，制造业的现场就已经发生了改变

作为曾经是日本财富源泉的制造业，在过去二十年间发生了巨大的变化。在制造业现场工作的员工，二十年前有八成是正式员工，而如今有八成都是派遣员工。1995年成立人才派遣公司的若山氏，亲眼见证了这一过程。曾经日本的制造业是由与公司共同成长的充满希望的正式员工支撑的，而如今日本的制造业则是由为了生活而临时提供劳动力的派遣员工在支撑着。

但是，如果劳动被从希望之中分离出来，就无法坚持长久。所以这种状况迟早会有一个根本性的变革。因为现在的公司里绝大部分都是与公司没有共同愿景的派遣员工，这导致日本的企业正在逐渐失去强大的现场力。

作为正式员工入职，就算对公司不是很满意，也能够在一定程度上描绘出自己的职业发展规划。只要和周围的人比较一下，就能够大致地分析出自己在什么年龄、什么部门、从事什么样的工作能够发挥

出自己的才能，自然而然地想象出和公司一起获得幸福的过程。

但对于因为临时性的生产调整而进入公司工作的派遣员工来说，他们不可能产生出与自己临时工作的公司共创未来的想法。因为公司不会对派遣员工的职业发展承担任何责任，所以派遣员工必须自己思考自己应该如何生存，应该提高自己的哪种专业能力。

但是如果没有一个设身处地为你着想并且向你提供建议的人，仅凭自己很难对自己的未来做出完美的规划。也就是说，派遣员工们都缺乏一个能够自然而然地对未来进行规划的环境，而这些社员却占据着掌控日本竞争力的制造业现场的绝大多数位置，这一比例已经达到八成至九成。由于过于重视利益和效率，企业与社会的和谐成长之间已经出现了偏差。

正式员工开始被派遣员工所取代的时期，正是电视节目《海螺小姐》从东芝独家赞助转变为多家企业共同赞助的1998年。在东芝无法独自负担起象征着经济高速成长的《海螺小姐》，转而由多家企业一起分担赞助费用的过程中，很多宝贵的人才都不得不为了生活将自己的时间用来各处兼职。

前 言
PREFACE

◎ 走向新时代，创建新组织的挑战

这带来了远超出人们想象的深刻影响。人才们因为看不到未来，所以就算想为社会做出贡献，也不知道应该学习哪些新的技能才好。在工作不稳定的状态下，人们也不容易产生出恋爱和创建家庭的想法。而当需要帮助的时候，由于同事之间的关系很疏远，几乎没有人能够为自己出谋划策。在这样的公司之中，与希望隔离的劳动力，在过去二十年间，给日本的经济造成了巨大的损害。

但是，在这失去的二十年间，也有公司开始着手准备一个崭新的充满希望的环境。人才派遣公司将那些没有选择普通职位的人才，以及在人事调整中被解雇的人才，雇佣为自己的“正式员工”。通过将这些人才丰富的经验“点”到“点”地连接起来，创建出一个能够在新的时代获得发展，使员工自然而然地产生出希望的崭新组织。

本书的共著者若山阳一社长创立的UT集团株式会社就是其中之一。

UT集团开创了派遣“正式员工”的崭新概念。也就是员工作为“正式员工”被“派遣”到客户企业。比如首先被派遣到A公司的半导体制造现场，然后被派遣到B公司的汽车电子零件制造现场，接着被派遣到C公司担任环境仪器工程师，不断提高自身的专业性和价值。

在客户企业的生产现场积累了丰富的经验之后，员工可以回到UT总公司负责管理业务，还可以成为公司的股东，甚至成为UT的经营干部，发展空间和升职机会对公司的所有人来说都是平等的。

在这里，一切都靠实力说话。不管是高中毕业还是初中毕业，都没有任何区别。尽管人才派遣行业被称为派遣地狱，但若山氏经过二十多年的准备，给每一位“正式员工”都提供了一个通过在许多企业中积累的“派遣”经验来挑战自身可能性的非常令人激动的平台。

近几年来，每当我思考未来的发展趋势时，都会因为“随着机器人和AI（人工智能）的发展，今后的社会将不可避免地更进一步拉大差距”而黯然神伤，就在我为此寻找突破口之时，见到了UT那充满活力的工作现场，不由惊讶地想到“竟然还有这种办法”，我觉得这就是我一直在寻找的新型组织。

虽然在公司的组织结构之中可以享受稳定的生活，但如果公司无法实现个人想要更加幸福的希望，那么公司的作用也就随之消失了。我个人认为，恐怕在2024年左右就会出现这种情况，到了那个时候，或许《海螺小姐》的电视节目也会停止播出吧。用不了多久，海螺小姐的日常生活就再也难以引起人们的共鸣，只会让人感到淡淡的乡愁。

取而代之的，是个人超越公司的框架，通过与组织的相乘效果来实现自我价值的全新组织形态。我在UT看到了这种组织的其中一种形态。

◎ 从现在开始到2022年的几年间，是在空白画布上自由创作的绝佳时机

公司失去希望，反过来说，意味着个人可以实现任何希望。当面向未来寻找希望的个人聚集到一起形成组织的时候，这个组织——作为个人的集合体拥有更加强大的力量——能够在短时间内发挥出影响整个世界的力量。

到目前为止，你都是在公司准备好的画布范围内描绘自己的未

来。但从今往后，你可以在自己准备的画布上，利用组织的力量，自由自在地描绘自己的未来。因此，所有渴望自由自在地描绘自己的未来和希望的挑战者们，都应该读一读本书。

本书以和若山社长对话的形式展开，若山社长拥有二十多年的人才派遣业工作经验，对包括制造业在内的众多企业的工作现场都非常了解。我们想要传达给读者们的内容都凝缩在对话之中，因此虽然本书的页数不多，但却能够将我们通过自身的经验所总结出来的未来论、创业论、经营论以及人才开发论等广范围的知识与大家共享。我负责介绍“未来”，若山氏负责介绍“现在”的革新体制。

接下来我将介绍一下本书的主要内容，读者朋友可以根据自己的兴趣和关注点，从任意的位置开始阅读。

◎ 首先送给那些刚刚入职的商界人士

在第一章中，我们首先谈一谈即将到来的未来。请大家把之前学过的东西都忘掉吧，因为大变革已经开始。根据我的预测，到2023年左右，“公司”这个概念本身就会发生巨大的变化。所以，依赖公司的生存方法，在短短几年之后就将不再行得通。

前 言

PREFACE

当公司消失之后，工作方法会发生怎样的变化呢？为了在大变革的时候做好准备实现飞跃，究竟应该具备怎样的力量和勇气呢？如果想针对上述问题找出符合你自身条件的答案，请从第一章开始阅读。

◎ 送给创业者和立志创业的人

第二章与第四章的若山社长的创业故事非常刺激。读了这些内容，你就能够了解到在创业现场必不可少的市场、财务、管理、交涉等能力，更重要的是为了实现目标坚持到底的毅力，从而开始充实自己。

有价值的目标，只有通过连续的、有价值的经历才能够实现。在这个过程中，或许也会有失去一切、一无所有的经历，但若山氏用自己的亲身经历告诉我们：就算失去了一切，也不是放弃挑战的理由。

◎ 送给公司经营者以及社会领袖

很多身为派遣员工的年轻人，都对当地有着很深的感情，拥有重视家庭和自己生活的价值观。虽然他们不像老一辈人那样不顾一切地拼命工作，但如果工作的目标能够引起他们的共鸣，那么这些年轻人就会发挥出惊人的能量。而且因为他们之前接受的教育相对较少，所以他们能够像海绵一样大量地吸收新知识，并且灵活地应用在工作之中。

在若山社长的手下，就有时薪900日元的派遣员工成长为上市企业总经理的例子，如果你的组织也能够拥有这种任何人都可以自然而然地开拓出成长道路的体制，那么今后你将会拥有怎样的可能性呢？为了实现这一目标，应该从哪里开始踏出第一步才好呢？关于这些问题的提示，请在第四章和第六章之中寻找吧。

◎ 送给孩子还小的读者

当我们的孩子长大成人之后，很多现在的工作都会消失。完全靠死记硬背的考试制度也会发生变化，今后的时代需要人们找到自己的价值，拥有自己主动开拓工作道路的能力。如果把我们的经验强加在孩子的身上，反而会成为束缚他们自由发展的枷锁。

为了让孩子们能够在未来自由地发展，我们应该给孩子树立怎样的榜样呢？当看完本书之后，请一定将你的经验分享给更多的人。我相信你的声音，会成为将他们对未来的不安转变为希望的原动力。

本书的目的并不是明确地告诉大家“从今往后应该这样工作”。

前言

PREFACE

因为未来的发展将远远超出我们目前所拥有的常识，所以没有人知道什么才是正确的答案。另外，我和若山氏都为了实现理想而遭遇过许多挫折，因此我们也非常清楚，未来不一定会像我们想的那样发展。

因此，本书的目的是，面对拥有无限可能性的未来，为读者朋友提供用来描绘人生希望的画笔，以及一张更大的画布。

从历史的角度来看，在未来几年间，不管你尝试多么巨大的挑战，都有远超这一挑战的未来在等待着你，现在正是最好的时机。

现实发展的速度，比我们想象的还要快。

那么，就让我们从彻底改变你工作方法的令人震惊的未来开始吧。

2016年4月

神田昌典

目　录
CONTENTS

第二章　正式员工从眼前消失的十年

——若山阳一

第三章　公司消失后的可能性与极限

——神田昌典

目 录
CONTENTS

第六章　今后十年实现飞跃的条件

后记

| 第一章 |

你的公司会进化还是灭亡

——神田昌典

◎ 到2024年，“公司”就会消失

我在2012年出版的《2022——在今后10年中活跃人才的条件》（PHP研究所）中对未来进行了诸多的预测。其中有一个预测获得了巨大的反响。

到2024年，“公司”就会消失——

不只你工作的“公司”，即便是发展势头非常强劲的“公司”，甚至拥有百年以上历史的“公司”，都会消失。经过仔细的分析之后，我认为只有这样考虑才能够为即将到来的未来做好更加充分的准备。

连我自己都被这个预测吓了一跳。

毕竟在2012年的时候，我只能预测到“公司消失”这一事实，对于随后将会产生怎样的变化还是一无所知。“公司消失之后，商业活动会变成什么样？”“自己的工作会变成什么样？”，不只读者有这种疑惑，当时就连我自己也充满了疑问。

不过，只过了四年，拥有世界领先技术实力的夏普就陷入了破产危机，不得不求助于台湾的鸿海精密工业，曾经的行业巨头东芝也出现了超过7000亿日元的巨额赤字。那些我们以为“绝对不可能消失”的公司，竟然一转眼的工夫就纷纷陷入了生死存亡的危机之中。

从这些状况来看，与其说这是各个公司的经营问题，不如说是“公司”这一组织形态已经难以再继续创造价值，所以才会出现这样的情况。

我在作为管理顾问与客户一起解决商业问题，以及身为经营者亲自进行管理的过程中，不断地摸索能够创造价值的工作方法，最后终于守得云开见月明，我发现了“公司的未来”。在这一章中，我将和大家一起思考公司的未来会发生怎样的变化。

首先说结论吧，到2024年的时候，许多公司都会灭亡。不过随后这些公司会涅槃重生为非常具有价值的组织。换句话说，就像破茧成蝶一样，迎来巨大的变革。

理由很简单。随着互联网信息革命的不断发展，价值不再诞生于公司内部，而是诞生于公司外部。现在的商业活动，可以非常简单地将全世界的人才、资金、知识以及技术联系起来，从而在很短的期间内创造出惊人的事业价值。

因此，完全被公司内部资源束缚的公司会变得举步维艰，甚至寸步难行，而被公司束缚的员工也难以发挥自身的价值。也就是说，过去被保护在坚硬的外壳之下的“公司”这一组织形式，从今往后必须重生为能够自由连接内部与外部的“灵活的组织体”。

如果不能借此机会转变为新的经营和工作方法，那么公司就会越来越僵化，低成长与低收益成为常态。反之，如果能够顺利地实现进化，那么组织的收益力和成长速度都将得到巨大的提升。公司拥有的成长潜力将远远超出现在的常识，可能实现的年销售额用现在的眼光看来简直就是天文数字。那些因为诸事不顺或者严重的财务危机而陷入绝境的公司，只要能够大胆地抓住这个进化的机会，就一定能够重获新生。

接下来我将从人才以及市场的观点出发来为大家展望未来公司的发展潜力，不过在此之前，我要先向大家介绍一下我之所以认为2024年公司会消失的原因和背景。

◎ 现在的公司，已经处于成熟期的后半段

我做出上述预测的原因之一，就是源于常被用来计算商品等事物寿命的“成长曲线”理论。这个世界上存在的一切事物，都将经过“导入、成长、成熟”这三个阶段。这三个阶段持续的时间基本相同，当成熟期结束后，这个东西要么消失，要么变成新的东西（参考成长曲线）。

当我将公司放入这一理论之中时，发觉到“公司”已经接近灭亡。

1983年，《日经商业》杂志经过调查得出“公司的寿命是三十年”这一结论，但随着时间的推移公司的寿命越来越短，到上世纪90年代末，“公司的寿命只有十年”。

公司的寿命缩短到只有最长时期的30%，这意味着一个概念已经从“成长期”进入到“成熟期”。用数字来说，这相当于一个概念的普及率已经达到87%，根据之前所花费的时间，就可以计算出剩余的时间（寿命），那么到2024年左右，公司就会进入成熟期的后半段。也就是说，到那个时候公司这一概念随时都可能消失。

■ 成长曲线

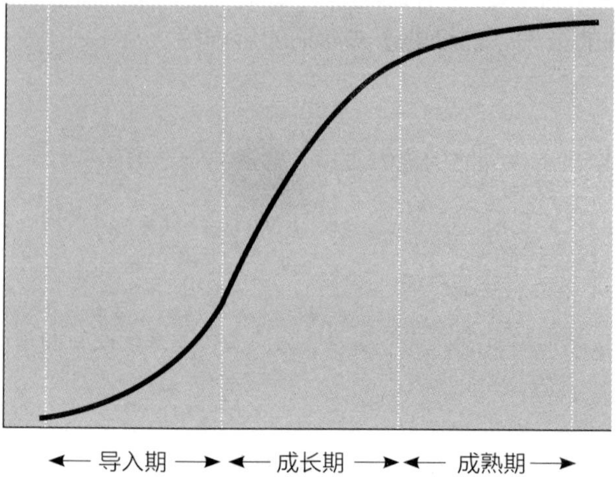

不过，想必没有人会相信我说的话吧。

“距离2024年还有不到10年。公司消失这种事，怎么可能发生呢！”

一般来说，大家肯定会这样想。

事实上就连我自己也觉得“即便这是根据成长曲线理论得出的结果，但要说到2024年许多公司都会消失，是不是有点言过其实了呢……”即便在遥远的将来公司确实会消失，但2024年这个时间也确实太早了点。

不过从2012年至今的短短4年间，公司所处的环境与位置所发生的变化，远远超出了我们的想象。而在这样的状况下，那些以惊人的速度实现成长的公司则吸引了所有人的目光。在如今全世界市值最高的企业之中，前二十位没有一家日本企业，丰田汽车排在二十名开外。

经济学家野口悠纪雄指出，丰田与苹果相比，员工人均所创造的利润相差15倍，市值相差10倍，存在着压倒性的差距（《“超”信息革命是日本经济再生的王牌》野口悠纪雄著，钻石社）。连像丰田这样不断进行改善、精益求精的企业都处于这种状况，由此可见要想弥补传统企业与走在新时代前列的企业之间存在的差距绝非易事。仅凭这一点就可以看出，传统的公司这一形式已经临近极限。

◎ 从在公司内部创造价值的时代，到在公司外部创造价值的时代

要想理解“公司”消失这件事，就必须知道2012年之后的4年间，“公司”所处的环境发生了怎样的变化。

“公司”所处的环境的变化，大体上可以分为三种。

首先第一个变化是，“从在公司内部创造价值的时代，转变为在公司外部创造价值的时代”。

传统的公司，通过在公司里工作的正式员工、合同工和兼职员工提出创意、生产商品、提供服务来创造价值。虽然可能也有部分功能需要依赖公司外部提供，但创造价值的基本上还是公司内部的人才。

但如今，在公司外部创造价值的公司越来越多。在公司外部创建一个聚集人才的平台，通过这些聚集起来的人才自由的行动来创造价值。许多新兴公司都采取了这种商业模式。

其中比较有代表性的公司之一，就是大家非常熟悉的Airbnb（爱彼迎）。

这家公司创建了一个网站，让那些寻求短期住宿的旅行者和希望将自己家的一部分或者闲置房屋租出去的人能够各取所需。这家成立于2008年8月的公司，只用了两三年的时间就将业务遍及到了世界各地，发展非常迅速。2015年时Airbnb的市值大约3兆日元，也就是说，这家公司每年创造了几千亿日元的价值。虽然也有人提出“房东与房客之间会出现纠纷”“会遭到有执照的正规住宿设施的打压”等问题和担忧，但从今往后这一事业本身肯定会愈发地得到推广和普及。

Airbnb的商业模式，毫无疑问就是在公司外部创造价值的典型案例。

旅馆可以说是Airbnb最大的竞争对手，但旅馆的商业模式是需要建造一个具有住宿功能的大楼，然后雇佣工作人员为顾客提供服务。也就是说，创造价值的还是公司内部的员工。

与之相对的，Airbnb的内部员工只是创造了一个给房东和房客提供对接的平台。而创造“获得舒适而且廉价的住宿”“利用闲置空间获得额外收入”等价值的是房东和房客本身，也就是公司外部的人。而且，公司没有向他们提出任何的要求，一切价值都是通过他们自主的活动创造的。

这种以创造价值为中心的活动被称为“核心活动”。核心活动越活跃，企业创造的价值越多。最初为了提高知名度需要打广告，为了吸引用户需要降低手续费，但当所有业务都走上正轨之后，运营公司就算什么都不做也一样能够获得财富。

旅馆为了向顾客提供服务，需要在雇佣和培训上投入很多精力，而Airbnb则完全没有这种必要。他们要做的只是根据用户给出的评价，将拥有相应服务水平的房东和寻求相应服务水平的房客匹配到一起，仅此而已。

凭借房东和房客自主的核心活动，Airbnb的业务可以迅速地扩展到世界各地，当业务走上正轨之后，Airbnb的收入来源就不仅是手续费这一项那么简单了。房客有多少预算，去什么地方旅行，去哪些景点观光，进行什么活动，这些数据都在Airbnb的掌握之中。

利用这些数据，可以通过商业活动创造崭新的价值。比如掌握房客在当地都想进行哪些活动，根据这一数据提供观光计划。

另外，对于希望针对旅行者群体进行宣传的公司来说，像Airbnb这样的平台也是一个非常好的广告媒介。结果，Airbnb展开了多种多样的商业活动，并且取得了非常高的收益。

像这样在公司外部创造价值的公司还有很多。2009年于美国成立的UBER（优步）也是其中之一。

UBER提供的是拼车服务，也就是让想要廉价运输服务的人，和计划开车前往某处但车上有空位的人，以及想在空闲时间用自己的车赚点零花钱的人各取所需。UBER在日本并没有取得许可，现在日本只有出租汽车公司在一部分地区提供了专车服务。但是在其他国家UBER都是合法运营，短短几年间UBER的业务就已经遍及欧美以及亚洲等世界各国。

简单说，UBER通过给想利用空闲时间和私家车赚外快的“司机”和想要廉价运输服务的“乘客”提供一个对接的平台，让公司外部的人利用自主活动来创造价值。

传统的出租车公司需要对员工也就是出租车司机进行培训，而UBER则只需要根据乘客给司机做出的评价来保证服务的品质。

现在UBER的市值已经远远超出Airbnb，2015年达到了大约5兆日元。要知道这家公司从创业至今才不过短短六年。

另外，堪称这种平台型商业活动先驱者的中国的阿里巴巴集团，它在2014年于纽约证券交易所上市，这家成立十七年的企业，现在的市值已经达到22兆日元，成长速度是标准的一年1兆日元。

进行平台型商业活动的公司在2010年之后如雨后春笋般涌现出来。

比如我一直关注的美国的初创企业FarmLogs，利用卫星数据对农业活动提供支援。具体来说，就是为农民提供降雨量和气温等数据，提高他们的工作效率。这家公司于2012年成立，只用了短短两年的时间，就将全美国农户的15%发展成为自己的用户。

成立于2013年的Zenefits通过提供将人事事务工作化繁为简的ASP，如今在美国已经拥有一万家以上的企业客户。为艺术家和设计师提供小额融资的金融机构FAB（Fast Artist Bank）这样的新型服务也陆续登场。顺带一提，FAB是由舞韵合唱团的大卫·斯图尔特和曾经在瑞信工作过的迈克尔·菲利普于2014年成立的公司。跨界合作的趋势在这种类型的公司中表现得非常明显。

平台型商业活动因为具有极强的收益性和成长速度，所以今后不管在哪个行业，平台型的商业活动都将具有非常强大的影响力，给现有的行业带来破坏性的冲击。

当公司进行平台型的商业活动之后，与公司外部人员的关系也将发生转变。在传统型的公司之中，只有公司与交易对象以及公司与消费者（客户）之间的关系，而今后则将变成创造平台的“制作人”与参与平台的“用户”之间的关系。

也就是说，不管是交易对象还是顾客，都变成了平台中的用户，在其中进行各种各样的活动。以Airbnb为例，就是有人成为了房东，有人成为了房客。从这一点上来说，进行平台型商业活动的公司与传统公司的概念完全不同（参考平台型商业活动的图例）。

极端点说，这种形态的商业活动，只要公司有少数的制作人，然

■ 平台型的商业活动

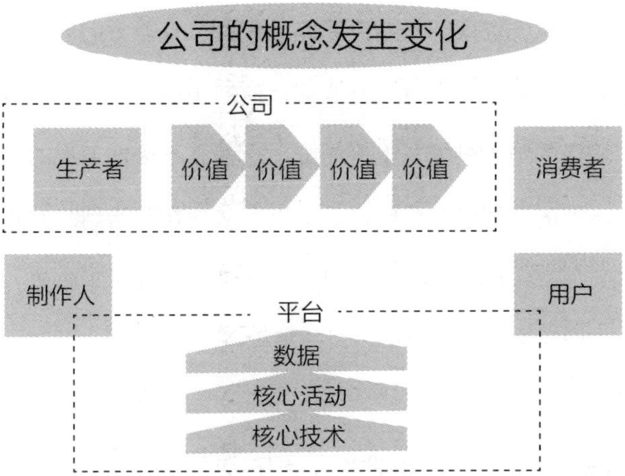

根据“Platform Scale: How an emerging business model helps startups build large empires with minimum investment”（by Sangeet Paul Choudary）26页的图表制作

后将公司外部的人动员起来，就可以实现全球规模的业务。因为绝大多数的工作都是通过网络完成的，所以没必要雇佣太多的员工。

尽管像这样“以最快的速度使市值最大化”是当今全球化经营的主流，但我个人认为，“生产与制造”才是日本的强项，不应该只因为成本方面的考量就放弃生产现场。因此，尽管没必要被一时的排名所影响，但也不能对组织的僵硬化和事业的衰弱化置之不理。

日本最根本的问题在于，公司里没有能够让那些拥有面向未来的现场力和制作人资质的新型人才充分发挥自身能力的环境。但就算他们离开公司，日本社会也没有能够让他们挑战大规模商业活动的创业环境，最后的结果只能是半途而废。这种高不成低不就的状况，在业绩不上不下的公司里尤为明显。所以，从现在开始到2024年的几年间，许多公司都将出现危机，不得不进行大规模的组织改革，或许这也会成为它们涅槃重生为新型公司的契机吧。

◎ 从在公司内部获得预算的时代，到在公司外部筹集资金的时代

关于公司所处环境的第二个变化，就是“从在公司内部获得预算的时代，到在公司外部筹集资金的时代”。

传统公司的存在意义之一，就是因为其具备强大的资金实力。在开拓新事业的时候，个人与中小企业要想通过银行筹集到庞大的资金绝非易事。但如果是每年都能够赚取巨额的利润，具备强大资金实力的大企业，完全可以不通过银行，动用公司内部的预算来挑战新事业。也就是说，在公司之中要想保证自己部门的预算，只要写一个计划书或者申请书，并且获得上层的决策通过，那么就可以获得资金。

但是这种大企业的特权正在逐渐消失。现在只要有好的创意，任何人都可以利用公司外部的资源在短期间内筹集到大量的资金。

能够在短时间内筹集大量资金的代表性方法就是“众筹”。通过像Kickstarter这样利用互联网从许多的个人手中筹集几千日元程度小额融资的网站，就可以非常简单地筹集到巨额的资金，实现扩大规模的目的。

比如我正在关注的初创企业之一，欧洲的RAWLEMON公司。这家公司生产太阳能发电装置，但并非传统型号的发电装置，而是一种像水晶球一样的球形发电装置。球形的发电装置和普通的板状发电装置不同，能够360度的捕捉阳光，从而非常高效地发电。

但是，这个产品目前仍处于开发之中，技术尚不完善。如果开发进展不顺利的话，甚至有夭折的危险。

即便如此，这家公司还是在2016年3月末之前通过众筹成功地筹集到了2600万~2700万日元的资金。从技术的角度来说，如果从全世界的范围内筹集，可以轻松获取几千万日元的资金。

此外，RAWLEMON还计划在东京、纽约、伦敦、柏林等6个世界主要城市之中修建通过球形太阳能发电装置实现能源自给自足的可持续发展大厦。这一充满野心的项目也正在进行众筹，目标是筹集到几亿日元的资金。

像RAWLEMON这样通过众筹来筹集资金的公司还有很多。不只欧美，中国的公司也在利用众筹的机制。当有一个项目的时候，只要先做出一个样品，然后就可以通过像Kickstarter那样的网站来众筹资金。一旦商品开发顺利完成，只要迅速找到一个能够将产品批量生产的制造业的合作伙伴就行了。

在日本有一家叫做CHIKEI的初创企业，就通过众筹给自己的可穿戴式对话装置筹集到了超过2500万日元以上的资金。

尽管众筹在日本的发展远远落后于美国，但现在通过众筹也可以获得超过1000万日元的资金（在美国这一数字是几千万日元到几亿日元）。由此可见，在资金方面传统型公司的存在价值正在逐渐减少。

不只资金，现在还可以在公司外部迅速地筹集到许多资源。租借一台3D打印机就可以轻松地制作样品，有些外部的生产商可以生产少量的产品，通过众筹还可以获得免费的设计资源。只要你想将自己的创意变成现实，就算没有公司，也一样可以生产商品。甚至可以说，在公司之中想做一件事需要花费很多时间，但如果在公司外部做的话反而会更有效率。

综上所述，在“创造价值”这一点上来说，传统的公司不再是无法取代的，因此传统公司的存在意义和地位也在逐渐降低。

◎ 从培养人的时代，到制造机器人的时代

最后一个重要的环境变化，就是“计算机的进化”。这对人才培养造成了极大的冲击。

到目前为止，对公司来说“人才就是商业活动的关键”，人才又被称为“人力资源”，是公司财产的一部分，公司会对人才进行培训。但现在，随着计算机的不断进化，这种传统的观念即将遭到颠覆。

用一句话来概括，那就是“与其培训那些不求上进的员工，不如用能够升级版本的机器人来替换掉他们更有效率”。

早在几十年前，制造业的现场就已经开始利用机器人，但我要说的并不是这个例子。我想说的是，就连推销员和店铺里的员工都将会

变成机器人。

或许会有人认为这是十几年后才可能出现的情况，但就在过去4年间，计算机正在逐渐被应用于销售领域，至于其带来的结果则是人们在此之前绝对想象不到的。

首先我来为大家介绍一个美国家具店的事例。在这个家具店，即便是第一次光顾的顾客，在他走进店门的同时，店铺方面就会马上知道这个顾客是谁，想要购买什么商品。

具体来说，就是从顾客浏览这个家具店的官方网站时起，店方就已经开始收集相关的信息。比如顾客浏览了哪些页面，点击了哪些商品，根据这些情报甚至可以分析出“看样子似乎是要更换整套的家具，恐怕是要搬家”之类的背景信息。如果顾客通过facebook账号登录家具店的官方网站，那么店方还可以掌握顾客的相貌信息。

当顾客来到实体店的时候，门口的摄像头就会识别顾客的相貌信息，从而分辨出这是“在官网上浏览过全套家具的顾客”，同时将这一信息传送到店铺内销售人员的平板电脑上。

掌握了这些信息的销售人员会在接待顾客的同时确认其身份，然后向顾客介绍他感兴趣的商品，或者通过提出一些很特别的建议来引起顾客的兴趣。

导入这一系统之后，这个家具店的销售额在短时间内就提高了20%。

如果能够像这样将数字的世界和真实的世界无缝连接起来，那么与活生生的人类相比，使用机器人来接待顾客显然“生产效率更高”。像前文中提到过的那个家具店那样，当顾客来到店铺时出来迎接的不是人类店员而是机器人的光景，或许在不久的将来就会成为商业街上随处可见的光景。

顺带一提，如今数据分析的精度也已经得到了大幅的提高。据说海外的超市已经导入了一种数据分析系统，根据顾客的购物清单就可以判断出这位顾客是否已经怀孕，而且准确率高达90%以上。就算这位顾客没有把自己怀孕的事情告诉任何人，但是当她在超市买完东西回到家之后，就会在电脑屏幕上看到许多孕妇必需品的广告。

机器人销售员就像过去的录音留言电话一样。一开始人们都对录音留言电话感到不习惯，但很快录音留言电话就成为我们生活中必不可少的东西。据说一个普通人最多能记住一百二十个人左右的名字和相貌，而电脑不但能够记住相貌和名字，还能够记住这个人的生日、家人的名字和生日以及曾经购买过的商品。不仅如此，因为机器人还能够非常热情地对顾客进行接待，所以今后可能会有人提出诸如“与其让没经验的销售员敷衍地接待我，不如让机器人来吧”或者“我不想和人类销售员打交道，让机器人来”之类的要求呢。

这并不是未来的幻想，实际上在日本正逐渐成为现实。我担任顾问的某管理咨询公司负责为一家地产公司的销售人员进行培训，在培训时发给这些销售人员的手册上就印有“你会被机器人打败吗”这样的字样。这是为了让销售人员们意识到，与机器人进行对抗的时代已经迫在眉睫了。

能够准确完成分内工作的传统型员工，不管多么优秀都无法战胜AI（人工智能）。也就是说，如果能够开发出一套合适的AI算法，那么公司只需要少量的员工就可以完成大量的工作。当事务性工作都可以由机器人来完成时，如果公司仍然不改变员工的工作内容，那么员工就会变成沉重的负担，导致公司迅速衰退。

反之，从事只有人类才能够实现的创造性工作的组织，从今往后能够吸引全世界的人才，到2024年将会成为大幅超越传统“公司”概念的存在。恐怕这样的新型“公司”对社会的影响力甚至会超越“国家”吧。

◎ 深度学习的时代

从培养人的时代，到制造机器人的时代。能够和真人一样进行工作的机器人与在AI（人工智能）帮助下开展工作的人才，相互之间竞争看谁能够给顾客创造更多价值的时代马上就会到来。

理由之一就是被称为“深度学习的人工智能技术”。2012年谷歌发表了一条震惊全世界的消息，在给计算机观看一千万张图像之后，计算机能够在没有接受任何人类教育的情况下准确地识别出猫的特征，从那以后，深度学习的研究和实践得到飞速发展。

人们普遍认为在围棋对局上，AI要想达到专业棋手的水平还需要十年左右的时间，但应用了深度学习技术的“AlphaGo”在2016年与世界顶级围棋选手进行的对局中取得了四胜一负的成绩。由此可见：人工智能的发展速度远远超出了我们的想象。

当计算机使用大量的数据进行学习之后，声音识别、图像识别以及翻译的精度都将得到大幅度的提高。

尽管如今计算机在IoT（Internet of Things，物联网）领域已经得到飞速发展，但如果能够提高计算机本身的判断能力，那么这一领域的技术进步将远远超出人类的想象。

比如亚马逊就开发出了一个叫做“亚马逊回声”的商品，并且已经开始在美国销售。这个好像音箱一样的商品，其最大的特征就是：当你和它说话的时候，它会自动连接互联网。比如你对它说“我想要一包纸尿布”，那么计算机就会从亚马逊的众多商品中找出纸尿布并且跳转到购买页面，或者你对它说“播放珍妮·杰克逊的最新专辑”，那么计算机就会连接媒体音乐服务器播放指定的歌曲。只要活用深度学习的技术，其精度完全能够达到为人类提供服务的程度。

顺带一提，亚马逊为会员提供这一商品的价格只有一万日元。之所以价格这么便宜，或许是为了让人们先习惯在家庭中与计算机进行对话的环境吧。当这种环境在世界范围内普及开来之后，亚马逊将获得现在完全无法与之相比的庞大数据，到时候恐怕亚马逊的统治地位将会是不可动摇的。

另外，一个名为“Nest Learning Thermostat”的商品也备受瞩目。这是一个成立于2010年的名为Nest Lab的美国初创企业所研发的产品，而这家公司在2014年被谷歌出资3200亿日元收购了。

“Thermostat”是一种能够感知温度从而对空调的温度进行调节

的装置，“Nest Learning Thermostat”通过收集房间内有人时的数据来自动对温度进行调节，从而实现节能的作用，只需要半年到一年的时间就可以节省大约两万五千日元的电费，从而收回购买装置的成本，但实际上日本生产的空调，在温度调节上的效果更加明显。

那么，谷歌为什么要对这么成熟的技术投入超过3000亿日元的巨额资金呢?

其实这款商品之所以备受瞩目，并不是因为其功能。

而是因为Thermostat被看做是“IoT的核心”，所以才吸引了这么多的目光。最近Nest公司又开始销售安保摄像头，其目的就在于将自己公司的产品变成收集家庭内所有数据的平台。

只要将谷歌日历与家庭中的活动数据连接起来，你甚至可以在提问前就得到答案。

比如你在谷歌日历上做了一个预订，今天下午两点去参加一个重要的会议并且要进行演说。于是电脑就会对当天的天气情况、交通情况以及你在家做准备所要花费的时间等进行分析，并向你提供准确的建议。根据吹干头发的时间和打领带的时间等所有准备工作所需的时间进行逆向推算，电脑会在适当的时间提醒你“差不多该去洗澡了”。

另外，当你找不到车钥匙的时候，电脑还会在你询问之前就告诉你“主人，你是在找车钥匙吗？钥匙在客厅沙发左侧的角落里”。

还有一个有趣的东西，那就是无人汽车。现在自动驾驶的汽车已经在开发之中，丰田计划在2020年将自动驾驶技术投入使用，当自动驾驶技术日趋成熟之后，出租车也就不再需要驾驶员了。

另外，通过对地区、时间、道路拥堵状况等情报进行分析，无人驾驶出租车还会随机应变地改变路线，或者向乘客推荐附近的店铺等。

而最有趣的是，或许今后出租车还能够自己进行经营上的判断。

比如根据使用情况，出租车会进行“到什么时间段，在哪个区域投入多少辆出租车能够最大化利润完成事业目标”这样的模拟计算，并且得出“应该再增加5辆车”的结论。然后出租车就会自动订购新车，并且用自己之前赚取的资金来支付购车款……

也就是说，哪怕出租车公司的人类老板不在了或者死掉了，出租车公司仍然会继续运转，出租车的数量也会不断增加。到那个时候，究竟出租车公司的老板是人类还是电脑，恐怕谁也搞不清楚了吧。“公司的老板不是人类”这种只有在科幻世界才会出现的情况或许在不久的将来就会变成现实。

距离2024年还有8年……8年之后，就算公司里面没有那么多员工，也可以凭借电脑的力量继续发挥公司的价值，这既不是对未来的预知，也不是预言。因为这样的时代即将到来。

如果你有孩子，而且孩子正在上小学，那么等他长大成人找工作的时候，他需要具备的技能以及公司承担的责任都和现在完全不同。也就是说“传统型公司将会消亡，然后涅槃重生”的想法是非常现实的，崭新的组织即将诞生。为了更好地适应新时代，最好提前做好准备。本书就将聚焦于这个问题来进行思考。

◎ 什么是能够创造附加价值的人才？

前面说了这么多，如果将上述内容进行一个总结的话，那就是：公司所处的环境发生了以下三种变化。

【传统】	→	【今后】
公司内部的活动创造价值		公司外部的活动也能创造价值
可以轻松利用公司内部资源		公司外部资源也可以轻松利用
由人类来判断一切		电脑也可以进行判断

由于这些变化，传统型的“公司”到2024年将会“消亡、重生”，这就是我的预测。随着不断加速的技术革新等变化，公司的系统和人才都会僵化，难以应对变化的公司因为无法推出新商品和新服务而迅速地衰落。僵化的组织和人才会成为阻碍公司实现飞跃的枷锁。虽然名为“公司”的这种法人组织会延续下去，但如果不能够将组织变成“能够灵活应对变化”的体制，传统型的“公司”一定会不断消亡。

那么，当传统型的“公司”消亡之后，究竟会发生什么呢？我们又应该如何应对呢？

当然，对于商界人士来说，肯定要根据状况的变化改变自身的工作方法。

前几天我看了一本美国的商业杂志，上面介绍了美国的雇主对雇佣的看法。

针对“最近，你为了公司的发展都做了些什么”和“为了公司，你将来打算做些什么”这两个问题，如果得不到积极向上的回答，那么美国的雇主就会认为“差不多该炒这个人的鱿鱼了”。虽然重视人才的日本经营者不会像美国的雇主那样轻易解雇员工，但作为员工，面对环境的急剧变化，确实不能采取“拒绝变化”的工作态度。因为即便是日本的公司，所面对的状况和美国的公司是完全一样的。

比如在开展平台型商业活动的情况下，公司内部就不需要太多的员工。只要有少数的内容制作人、系统工程师以及运营维护人员就足够了。坦白地说，那些认为“工作没有意义”“为了生活被迫工作”的人，以及在公司里磨洋工的人，他们能够给公司提供的附加价值越来越少，必将被机器人所取代。

那么，今后的时代所需要的人才，究竟是什么样的人呢?

答案是，能够创造出只有人类才能够创造的优秀价值的人。思考“什么是只有人类才能够做到的事”，然后不断地创造出只有人类才能够创造的优秀价值。要主动地认识到“因为身为员工的我创造了财富，所以公司才能够存续下去”，继而采取行动。将公司内外的大多数人都集中起来，发挥自身的领导才能，不畏惧失败敢于尝试新的挑战，不断地创造出新的价值。今后的时代，需要的就是这样具有创业者精神的制作型人才。

特别值得一提的是“CI（Connecting Intelligence）”。也就是能够组成人际关系网络，并且促使这些人发挥出自身才华的能力。

在MIT（麻省理工大学）媒体实验室的微连接小组担任负责人的

塞萨尔·伊达尔戈在其著作 *Why Information Grows* 中提出了“人字节”这个概念。所谓“人字节”，指的是一个人拥有的信息处理能力。

因为我们身处在一个信息爆炸的世界之中，所以不管多么有能力的人，他需要处理的信息量都远远超出了人字节所能够承受的极限。在之前的社会中，只要有一个有能力的人，那么他总会有办法成功创业。但在今后的时代，要想实现只有人类才能够创造的优秀价值，就必须将许多个人字节集合起来组成一个网络，追求人字节的最大化。

不管公司内外，只要是拥有专业水准的专家就将他们都集合起来，并且激发出他们的能力，创造附加价值……在公司消亡的时代，最需要的就是像这样拥有“CI”的人才。

安倍首相提出了“一亿总活跃社会”的口号。为了实现这一理想，大量增加拥有CI的人才可以说是必不可少的。

◎ 什么是能够使自己稳定下来的工作方法？

要想成为在公司消亡的时代仍然不会被淘汰的“人才”，关键在于什么？

在此之前，一个人一辈子只要从事一种工作就可以了，但今后就算是在同一个公司里工作，也可能要从事三四种不同的工作内容。所以，面对急剧变化的工作环境，我们必须拥有改变自己适应环境的力量。也就是改变自身的操作系统，并且保持能够升级更新的“战胜变化”的能力。

这个时候最关键的就是成为“变化型的领导”，以及培养“变化型领导”的教育。

所谓“变化型领导”，借用哈佛大学教育学院教授罗伯特·凯根博士的说法，就是拥有“自我改变精神”的领导。

凯根博士认为管理人员可以分为三种类型。

第一种是拥有“社交精神”的人。这种人非常在意周围人对自己的看法，为了不承担责任，必须在得到上司明确的指示之后才会开始行动。用一句话来概括就是“待命族”。属于墙头草型的管理者。当然，这样的人在今后的时代是难以生存的。

第二种是拥有“自我创造精神”的人。这种人会根据自己的信念和计划来发出指示和命令，准确地完成工作。因为他们会根据自己过去的成功经验来进行工作，所以只要工作环境不发生变化，那么他们就能够切实地取得成果。但是，因为他们总是采用同样的方式，不会尝试新的方法，所以一旦遇到凭过去的经验无法搞定的工作，就很难取得成果。在必须对变化做出应对的时代，这一种类型的领导恐怕是非常难以适应的。

这两种类型的人，恐怕很快就会被机器人所取代。

而第三种领导，正是拥有“自我改变精神”的变化型领导。

这种类型的人虽然拥有过去的成功经验，但却不会被其束缚，能够灵活地进行思考。当遇到问题的时候，他们不会采取治标不治本的方法，而是从根本上解决问题。有时候，他们甚至会将自己亲手创立的事业彻底否定，重新创立新的事业……这就是拥有“打破束缚，不断成长”“战胜变化，开拓新领域”精神的人才。

凯根博士指出，拥有“自我改变精神”的人，在绝大多数团体中只占7%~8%，甚至在有些团体中不足1%，但通过教育，可以培养出许多这种类型的人才。这也可以说是从今往后最重要的课题之一。

“怎样做才能够培养出在‘公司消亡’的时代仍然能够生存下来的人才？”

“怎样做才能够在变化不断加速的环境中保持组织的灵活性，并且让组织中的每个人都能够持续不断地提供价值？”

“怎样做才能够在整个人生中不断地提升自己的价值？”

关于上述问题，尽管在理论上说得很清楚，但实际上日本的公司和社会却并没有做到位……绝大多数情况下都需要凭借个人的努力，或者委托给一部分培训机构来负责，这就是实际的情况。

从今往后，如果汽车能够实现自动驾驶，那么出租车司机、快递员、工程车司机等职位都将不复存在。甚至连一直被认为是知识专家的税务师和会计，将来都可能被计算机所取代。到了那个时候，最关键的不是只保证自己不被淘汰，还要给那些可能被淘汰的人创造新的工作，提出新的工作方法。日本社会对于这个问题究竟应该如何作答呢？

究竟什么样的社会制度，才能够让所有人都干劲十足地工作呢？

我认为这是非常难解且十分紧迫的课题。国家似乎打算将职业顾问的人数增加到20万人，以此作为应对措施，但职业顾问所能够发挥的能力也是有限的，我们更需要的是实践者。创造崭新雇佣平台的实践者。

就在我思考这个问题的时候，我遇到了UT集团的若山阳一社长。

UT集团是主要为半导体相关工厂派遣人才的人才派遣公司。虽然派遣公司为数众多，但当我与若山社长交流之后，感到非常震惊。

如何让本来有能力，但却因为身处在受限制的环境中而无法发挥自身能力的人大展拳脚？如何培养优秀的制作人，使得他能够将多种多样的人聚集起来，发挥出“1+1”等于“10”甚至等于“100”的效果？若山社长对于这样的问题有很多自己独到的见解。在相当于人才坟墓的组织处于压倒性多数的情况下，若山社长的存在可以说是非常特殊了。

我所说的“公司消亡”这一变化，实际上已经出现在制造业的现场，而且进展得势头非常猛烈。从这一变化不难看出，在其他行业之中一定也会出现同样的情况。为了在环境愈发严峻的制造业现场生存下来，UT集团通过不断尝试找出了许多应对办法，这给我提供了不少关于“公司消亡”时代的提示。

到底都有哪些提示呢？

在下一章中，若山社长将亲自为我们解答UT集团究竟是一家什么样的公司。

|第二章|

正式员工从眼前消失的十年

——若山阳一

UT集团是主要向大型生产商的半导体制造工厂派遣技术人员和业务承包的人才派遣与承包公司。除此之外，也从事IT和建筑等其他领域的人才派遣业务。

我在1995年成立了UT集团的前身公司。创业至今20年间，我的企业一直在稳定成长，2003年成功在JASDAQ上市。现在，我公司的技术员工超过一万人，在全国各地超过500家的工厂中都有我们派遣的人才。

神田说“UT集团不仅改变了人才派遣行业，还给所有行业改变工作方法提供了灵感”，虽然这多少让我感到有些受宠若惊，但我还是很愿意将自己多年来思考和实践的内容与广大读者一起分享，如果真的能够给大家带来一些灵感，那将是我最大的荣幸。

◎ 十年前正式员工八九成，现在派遣员工八九成

在讨论我们的公司之前，有一些内容需要事先了解。我首先想谈一谈人才派遣行业的变迁与现状。

人才派遣行业是在1985年《劳动者派遣法》（以下简称《派遣

法》）公布之后才开始出现的新兴行业。《派遣法》刚刚公布时，能够派遣的业务只有13种，后来随着限制的不断放宽，到2000年之后，几乎所有的行业都可以进行人才派遣。电视台的节目制作、游戏开发、商店店员、管理顾问……几乎所有的工作都可以由派遣员工来负责。

以我主要从事的制造业的人才派遣为例，在20世纪90年代，现在我们熟知的“派遣人才，按照生产商负责人的指示进行工作”这种方式是不被允许的，只能向生产商承包业务，然后派遣公司的管理者给技术人员下达指令，也就是“业务承包”的方式。

但到了2004年，随着法规的修正，技术岗位的派遣员工最多可以连续工作一年的时间，到了2007年这一时间又被延长到3年。这样一来，人才派遣行业一下子活跃起来，员工的非正规化在各个生产企业中得到迅速发展。

如果拿现在与十年前相比，可以说差距非常明显。

十年前，与我们公司签订合约的大型生产企业的工厂里工作人员有八九成都是正式员工。也就是说，当时我们公司只不过派遣了一两成的技术岗位员工而已。

但现在这家企业工厂里的员工有八九成都是我们公司派遣过去的（虽然拿着这家企业的名片，但却不一定是这家企业的正式员工，对于外人来说根本无法分辨）。

除了拥有专业技术的员工之外，将包括管理人员在内的一整个团队都派遣过去的情况也越来越多。过去，管理人员一般都是由生产企业的员工担任，但现在有不少生产企业甚至连能够担任管理人员的员工都没有了。极端点说，在外人看来应该是“部长”或者“科长”级别的领导，其实都是派遣员工。

这绝不是只有我们公司一家遇到的情况。与其他派遣公司有业务联系的工厂企业也是如此，派遣员工所占的比例越来越高。不仅如此，派遣员工的平均年龄也在不断提高，在制造业工作的员工平均年龄三十多岁，在事务所工作的员工平均年龄在四十五岁左右。

工厂之中的员工之所以大部分被派遣员工所取代，最大的理由是削减成本。为了在激烈的全球化竞争中获胜，生产商必须最大限度地削减成本。

像iPhone那样的手机生产商更是如此，因为在销售旺季需要短时间内大量生产产品，所以生产商往往在一个月内就要雇佣一千到两千名员工。但等生产完毕之后，这些员工就没有继续雇佣的必要了。因此与雇佣正式员工相比，在工作繁忙的时候雇佣派遣员工显然更有效率，而且要想在短时间内雇佣到几千名正式员工也是不现实的。

另外，最近以“能够补充优秀员工”的理由将正式员工换成派遣员工的公司也越来越多。以前的情况是“正式员工从事专业性强的工作，派遣员工则做一些谁都能做的普通工作”，但现在越来越多的生产商却开始向外部寻求“拥有半导体蚀刻经验的人才”。

近年来，随着IT化的发展，很多简单的工作都可以由电脑和机器人来完成，人类则主要从事更专业化和更复杂的工作。因为技术的进化瞬息万变，所以如果不坚持学习新东西，不管是企业还是个人都难以生存下去。

但是，现在的企业却连对自己的员工进行培训的余力都没有。同时，企业又迫切地需要新知识和新技术。面对这个矛盾的问题，企业应该怎么办才好呢？答案是只能从外部聘请拥有最新专业技术的人才。以前大家都认为“技能的内部继承非常重要，所以应该尽可能内部制造”，但现在时代变了。

当然，派遣公司也不一定就拥有大量的新型技术人才，不过2015年实行的《新劳动者派遣法》规定，派遣公司在法律上有义务对派遣劳动者进行教育和培训。只要派遣公司能够对派遣员工认真地进行教育和培训，那么将会有更多的生产商愿意向外部寻求拥有专业技术的优秀人才。

派遣员工增加的另一个理由是企业进行的结构调整。企业通过裁员等方法进行结构调整，当几个月或者一年后业绩恢复又想扩大规模时，企业会立即雇佣新的正式员工吗？

事情远没有想象得那么简单。不管是企业的管理层还是在现场的工人，在自己曾经的同事被解雇之后不久，感情上很难接受立刻雇佣新的正式员工。而且，就算业绩恢复了，或许也只是暂时性的。日本与美国不同，必须有相当充分的理由才能够解雇员工，所以企业的经营者们对雇佣新的正式员工也会有所犹豫。

在这种时候，雇佣派遣员工就是企业最好的选择。

另外，就像在美国很常见的那样，我们公司会将客户公司的员工吸收进来，然后再将他们派遣到原来的职场上进行工作。

神田曾经说过，“公司只需要保留最低限度的人才，其他的则根据需要从外部调集”。实际上制造业现在就已经是这种情况了。

◎ 派遣员工是正式员工？

在工厂里工作的员工有八成都是派遣员工，这对于我们这些派遣公司来说是好事。因为早就预见到这一时代的到来，所以我们公司为了追求“让派遣公司、派遣劳动者和被派遣企业实现三赢”，从一开始就进行了许多尝试。

其中最大的挑战，就是将派遣员工全都雇佣为“正式员工”。

前面提到过我们公司有一万名以上的技术员工，这些员工几乎都是UT的正式员工。因为是正式员工，所以当然不是只有一年期限的有期雇佣，而是没有雇佣期限的“无期雇佣”。而且这种无期雇佣并不是最近才开始执行的，而是从我开始创业不久之后的1997年就开始了。

一般来说，人才派遣公司都会采取有期雇佣的方法来规避风险。所以很多派遣公司的规模都非常小，但UT集团却勇敢地承担起了这份风险。

而且，我是在创业之后不久就开始雇佣正式员工。创业时我们公司的资产只有300万日元，绝不是什么资金雄厚的公司，准确地说是勉强维持。

但通过雇佣正式员工，我们公司聚集了许多优秀的人才，使公司得到了稳定成长。如今，我们已经成为人才派遣行业中吸引人才最多的公司，许多其他派遣公司的优秀人才都愿意跳槽到我们公司。由此可见我当时的选择是非常正确的。

在我创业的时候，雇佣正式员工的派遣公司只有我们公司一家。因为这样做无异于给公司增加了很大的风险和负担，所以其他的派遣公司都嘲笑我说：

“雇佣正式员工，那不是傻吗？”

“恐怕用不了多久就会破产了吧？”

◎ 因为摩托事故昏迷4天，使人生出现转变

我之所以坚决雇佣正式员工，是因为我对人才派遣行业的陈腐体制心存疑问。而且既然决定创业，我就要选择虽然辛苦却充满挑战的道路，这也是我的人生信条。

为什么我会有这样的人生信条呢？

关于我创业之前的人生经历，虽然说来话长，但还是请允许我为大家介绍一下。

我决心创业的起因，是缘于十六岁时候的一次交通事故。当时我骑着摩托车通过一个十字路口，被一辆闯红灯的汽车撞了个正着，当时的冲击力非常强，摩托车的右车把直接插进了我的右腹部。

我当场就昏了过去，被送到医院后摘除了肝脏的四分之三和全部胆囊，除此之外还有右脚踝跟腱断裂和粉碎性骨折，可以说是非常绝望的状况。我整整昏迷了四天才醒过来，那四天对我来说就好像被关掉了开关一样。别说做梦了，完全就是处于虚无的状态。

就在那个时候我意识到：

“人如果死掉的话就什么都没有了。就好像被关掉开关一样一切都结束了。”

虽然我并不完全否定轮回转世，但至少我作为若山阳一这个人的人生，在被关掉开关之后，就彻底结束了。

人必有一死……当我想到这一点时不由得在心中暗自决定。

“在临终之际回顾自己的人生时，希望能够有一些难忘的回忆。”

如果说我们活着的每一天就像是一页书，那么当我们回顾这一页时，上面都会有些怎样的内容呢？或许有好事也有坏事，但对于我来说，我希望自己的人生能够尽可能地丰富一些。

当我确立了这样的人生观和价值观之后，每当我面临抉择的时候，都会选择比较困难的那条路。因为这样的道路更容易留下回忆。我希望经历更多的悲伤和欢喜。我不想每天都平平淡淡地过着相同的日子。既然人固有一死，为什么不让自己活得更充实一些呢。我就是带着这样的信念活着。

而我之所以在众多的道路之中选择了创业这条路，是因为我希望自己能够发挥自主性在人生的道路上做出决定。我那身为剑道家和银行员工的父亲，对我采取的是斯巴达式的教育方法，所以我从小就非常希望自己长大后能够拥有自主性。

因此，当我从爱媛县的高中毕业后，以念大学为由前往东京，但实际上我是为创业积攒资金。

那时候我的创业梦想还很模糊，就想先积攒一笔钱，于是我从早到晚拼命地打工。

我白天擦洗大厦的玻璃，晚上在横滨关内的俱乐部打工。俱乐部的工作从午夜12点到凌晨1点之间可以休息1小时，我趁这个时间去街上以一杯150日元的价格把咖啡卖给那些在俱乐部上班的公关小姐。我买了一个二手的小推车，自己拉着车卖咖啡。经常有人问我："你这么做没有被别人发现吗？"但实际上并没有关系，因为那些来俱乐部的顾客和我基本都认识了。“你不是那个卖咖啡的吗？”“是的。”大概就是这种感觉。

后来有一天，我偶然遇到大学的前辈，他对我说：“有一份很有趣的工作，你要不要也来试试？”他说的就是人才派遣公司的工作。这是我第一次接触到人才派遣行业。

1989年8月，我从大学退学进入人才派遣公司工作。两年后我又跳槽到另一家更大的人才派遣公司。

◎ 为什么“雇佣正式员工”？

尽管人才派遣行业需要占用非常多的公共资源，但在当时就连规模最大的人才派遣公司也仍然是一副私人企业那样的陈旧体制，我对这种情况感到非常不解，因为在雇佣条件非常苛刻的情况下，派遣公司却很少站在劳动者的角度看问题。

后来那家大公司不顾禁止向制造业进行人才派遣的规定，以“承包”的名义继续进行人才派遣，结果遭到调查导致公司业绩一落千丈。这也让我认识到暗地里搞这些小动作是绝对不行的。

在上述这些反面教材的警醒下，我在1995年24岁的时候成立了UT

集团的前身AIM CIC有限公司。AIM是“志向、目标”的意思。

因为有之前的那些经历，所以我最常思考的就是“应该如何提高派遣员工的待遇”。最后我想到的办法就是“雇佣正式员工”。而现在已经普及的“100%加入社会保险”，我在那个时候就已经开始实行了。

当然，雇佣正式员工也有相应的风险，在我的客户只有五家企业的时候，其中有一个顾客与我们解除了合同，结果导致二十名正式员工没有工作。

要想将危机变为机会，只能靠行动。于是我带着这二十名正式员工的简历去周边的工厂四处推销，“我们有这样的人才，你们有没有适合他们的工作”。

幸运的是，我最终给所有人都找到了工作，而且接收他们的企业后来还成了我的客户。当然这件事也让我深刻地认识到增加客户数量的重要性。

自从创业以来，我经历过许多类似这样的失败，也因此学到了很多东西，这对我后来的经营起到了非常大的帮助。所以我认为失败是非常宝贵的经验。

◎ 从20世纪90年代开始就不断地颠覆派遣的常识

除了雇佣正式员工之外，我们公司为了让派遣员工工作得更加顺利，还进行了许多同行业其他公司从没有做过的尝试。

比如我从20世纪90年代开始就导入了根据派遣劳动者的工作技能给予相应报酬的“职能薪资制度”。或许对于普通企业的正式员工来说这是理所当然的事情，但对于派遣员工来说却完全没有这种制度，最常见的情况是不管你的工作技能如何，得到的都是相同水平的报酬。

最早采取这一制度的客户是大型运输仪器生产商Y社。在其创业第三年开拓新市场的时候，提出了一个问题，那就是“派遣员工的稳定性太低，每个月都有一成左右的人辞职，这样很难提高生产效率”。于是我们提出了“对派遣员工进行技能培训，根据工作技能的提升给予加薪”的职能薪资制度。

导入这一制度之后，我们公司派遣员工的工作积极性高涨，稳定性和生产效率都大幅度提高。由此我们公司的职能薪资制度形成了雏形，并且逐渐普及到其他客户的企业之中。

我们公司还同时开展制造派遣和承包的业务。通过有组织的团队组合和“整体承包”，这方面的业务得到飞速发展。

我们公司作为一个整体，从各工程的生产管理到后期的维护保养，可以说在非常广泛的领域内都表现得非常活跃。因此，我们公司实现了在高水平领导者带领下的有组织的业务运营。基本上，我们采取的是相互学习、不断积累技术知识和经验的团队体制。派遣员工作为我们公司的正式员工，又身处于一个重视团队合作的工作环境之中，他们不会认为自己只是一个齿轮，而会认为自己是整体的一部分，所以能够安心并且积极地进行工作。

我们公司从1990年开始，就开展连同管理岗位也一起派遣的“团队派遣”业务。根据工厂的工程项目派遣一整个团队过去的做法，在当时可以说是绝无仅有的。

这种做法不但对客户企业有好处，对派遣过去的社员也大有裨益。

好处之一是可以消除孤独感。在生产现场，每一道工序都被分的很细，而派遣员工往往都是从事其中的某一道工序，这种工作方法很容易使人感到孤独。如果和其他派遣公司的员工在一起工作，大家相互之间没有任何交流，会使这种孤独感变得更加强烈。但是通过派遣团队的做法，可以在一定程度上减轻这种孤独感。

好处之二是增加员工相互之间的交流，能够提高员工的工作能力。如果派遣员工都是同一个公司的同事，那么前辈自然会对后辈进行帮助和指导，不但能够提高团队合作，还能够磨炼员工的交流能力。

此外，管理岗位的人通过被派遣到各种各样的工作现场，可以积累不同类型的管理经验，从而提高自身的管理能力。派遣员工能够积累这样的管理经验，这在其他公司是完全不可能的事情。有如此丰富的经验积累，就算将来跳槽，可以进行的选择也非常多，不管做什么都会很出色。

通过导入这样的体制，不但提高了员工的能力，还提高了生产效率，更得到了客户的认可，实现了真正意义上的三赢。

◎ 上市以及二百四十亿的负债

凭借上述前无古人的尝试，我们公司的业绩得到了大幅增长，但在本世纪之初却遭遇了一件让我从天堂直接坠入地狱的事情。虽然这件事与派遣行业并没有直接的关系，但考虑到我的失败经验或许会给大家起到一些警示作用，所以请允许我说明一下。

2001年将业务领域特化为派遣行业的“半导体”可以说是UT的一大转机。2001年由于IT行业的不景气，我们公司首次出现了亏损，而因为半导体行业具有“专业性强”“适合承包整个工程进行团队派遣”“整体有复苏趋势”等特点，因此我们决定将精力集中在半导体行业上。

事实上，在此之前我们公司完全没有承包过半导体工厂的工作。即便如此，我们还是决定转型。做出这个大胆的决定之后，我们先招募了20名有半导体行业经验的员工，又调整了人事制度，积极地与半导体企业进行接触，成功地获得了不少订单。如今，我们公司已经成为半导体制造行业首屈一指的承包商。

2003年12月12日，我们公司成为第一家在JASDAQ成功上市的制造领域的派遣公司。通过上市获得的大量资金，我们收购了一些设备生产商，公司规模也不断扩大。一度成为年销售额高达500亿日元的大型企业。当时的发展简直势不可挡。

但就在企业上市5年后的2008年12月12日，财务负责人这样对我说道：

“如果不进行民事再生的话，这家公司就完蛋了。”

“请你引咎辞职。”

事情的起因是我们在2008年3月斥资118亿日元收购了大型人才派

遣公司GWG30.4%的股票，成为GWG最大的股东。本来以为与GWG的合作能够进一步扩大规模，没想到GWG因为瞒报财务报表等违法行为导致股票价格暴跌……我们公司的股票也因此受到牵连，年初时还维持在22万日元的股价，到了年底已经跌落至1万1千日元。公司的负债也高达240亿日元。

更糟糕的是，我个人也背负着37亿日元的债务。因为我以个人的名义向初创企业进行了投资，还为了让1000名员工每人都能够得到价值100万日元的自己公司的股票而贷款10亿日元从市场购买股票。

我之所以要这么做，是因为我的目标是建立一个“让员工成为最大股东的公司”。

除此之外，我还建立了按照派遣员工的工作年数给予股票的制度，并且为此专门设立了股东会，但这些都超出了我最初的预想。我拥有UT集团40%的股票，本来这是一笔很庞大的资产，但随着UT集团的股价暴跌至原来的二十分之一，我不但无法凭借个人的资产来拯救公司，自己还陷入了巨额负债的危机之中。

尽管面对着被迫引咎辞职和民事再生的困境，我的头脑却仍然保持着冷静。

可以肯定的是，一旦进行民事再生，那么我的公司就彻底完蛋了。因为公司的品牌价值一旦损毁，就再也无法重建。

经营最看重的就是结果，所以我对于辞去社长职务这件事没有丝毫的犹豫，但我对民事再生却绝对不能做出任何让步。当我对银行的负责人提起“我决定承担责任引咎辞职，你们看怎么样？”时，他们大多数人的反应都是“开什么玩笑，你辞职了岂不是更麻烦吗？”因为大家仍然对我充满了信任，于是我决定继续在社长的位置上努力扭转局势。

我将经营干部们召集起来，但并没有告诉他们公司目前被银行追债已经陷入走投无路的困境这一事实，而是对他们说“公司绝对不会破产，请大家放心”。

当然这并不是我暂时用来安慰他们的话，而是我的真实想法。因为我坚信公司一定能够起死回生。

话虽如此，那段日子还真是让人不堪回首。我先后卖掉了许多子公司，虽然得到了一些资金，但远远不够偿还240亿日元的负债。

为了稍微延长还款期限，我每天上午都要来回奔波于8家银行，像鹦鹉一样不断重复同样的话“我一定会尽快全额还钱”“我一定会尽快全额还钱”“我一定会尽快全额还钱”。

虽然每家银行都要求我优先偿还他们的贷款，但我坚持“如果优先偿还贷款，那么公司就会因为没有资金周转而破产，5000名员工都将失业”，顽强地与银行进行交涉。

就在最为艰苦的时候，我们看到了一缕希望的曙光。在240亿日元的负债里有63亿日元是我们委托某证券公司通过发行CB（可转换债券）筹集到的资金，但因为资料不全，所以我们发现可以在还清所有银行的贷款之后再偿还这家证券公司的债务。也就是说，如果我们公司在还清银行的贷款之前破产，那么这家证券公司就一分钱也拿不到了。

这是我们唯一的突破口……我以这一事实作为武器同证券公司进行交涉，用12亿日元买下了这家证券公司持有的CB，同时将剩下的51亿日元债务一笔勾销。这样一来，我们奇迹般地摆脱了超额负债的状态，最终用5年时间成功地还清了全部债务。

◎ 从时薪900日元的社员到总经理

为了促进员工的成长，UT集团从2012年开始就为员工准备了能够年纪轻轻就出人头地的“晋升制度”。通过这一制度，不管是普通员工还是现场的经理，都可以成为执掌整个事业部的总经理候选人。

当职场扩大到一定规模的时候，自然会产生出对职场进行管理的总经理和经理等职位。因此，每年我们公司都会从派遣员工之中选拔优秀的人才担任这些重要的职位。就算是从来没有管理岗位经验的人也可以成为经理候选人，而经理则可以成为总经理候选人。成为候选人的条件非常宽松，不问年龄、经验甚至入职时间，任何人都可以成为候选人。我们是第一家在派遣行业采取这一制度的公司，到目前为止也是唯一一家。

当然也许会有人对此表示质疑，认为“有多少派遣员工会那么努力地想要出人头地呢。虽然这种做法很有冲击力，但也只不过是形式主义罢了”，但实际上有许多员工通过这一制度从候选人顺利晋升为经理和总经理。

一位35岁就成为总公司制造派遣部门总经理的年轻精英，就是这一制度的受益者。他高中辍学后入职UT集团，最初只是一名在新潟半导体工厂领取900日元时薪的派遣员工。

而且他入职的理由是“每个月有半个月的时间休息，可以去玩我最喜欢的单板滑雪”。就是这样一个爱玩的人，在UT工作了一段时间之后好像变了个人一样，自己主动申请成为干部候选人，并且最终成为总经理。

说起派遣员工，或许很多人都认为是与名牌大学毕业生和入职一流企业毫不相干的“非精英”，但这并不能说明他们没有能力。甚至可以说，我们公司有许多虽然有能力但却没有被发现的人才。前文中提到的那位总经理，就连他的母亲都很惊讶地说“没想到我那个高中辍学的贪玩孩子，竟然能够发展到这种地步”，但实际上只要对他进行合适的教育，就可以激发出他的潜能，使其发挥出让周围人都大吃一惊的实力。

尽可能多地培养出这样的人才，就是UT集团的使命，也是我的梦想。

◎ 向“积累职场经验的平台”转型

今后的商业世界将会如何变化？正如神田先生在前文中提到过的那样，我也认为企业会尽可能地减少正式员工的雇佣，选择以派遣员工为主的公司外部资源，而且这种趋势发展的速度会越来越快。从本公司客户们的动向来看，将来的企业恐怕不会再提供终身雇佣的工作机会了。

在这种商业环境之中，商界人士如果想生存下去，要么“能够对拥有各种不同特点的人进行管理”，要么“拥有能够被选为团队合作成员的专业技能”。

综上所述，我认为今后的UT集团应该发挥的作用是“为员工提供一个能够积累职场经验的平台”。

作为一名社会人究竟应该怎样积累职场经验？

为了实现职业规划究竟应该掌握哪些技能？

应该去哪里学习这些技能？

在过去，只要入职一家企业，这些问题全都迎刃而解，但现在没有一家企业能够解决这些问题。因为企业没有多余的时间和精力来帮助员工解决这些问题，甚至认为没有那么做的必要。

那么现在谁来解决这些问题呢？答案是：派遣公司。

我在前文中也提到过，2014年《派遣法》修改之后，派遣公司有义务对派遣劳动者进行培训和对职业规划提供建议，但实际上在《派遣法》修改之前，我们公司就已经具备了相应的体制，可以称得上是为员工的职业规划提供支援的平台了。

入职我们公司的员工，可以积累包括半导体在内的各种制造现场中的工作经验。我们还有IT相关的研修计划，以及让员工能够掌握网页工程师等不同职种技能的项目。

另外，通过前文之中提到过的晋升制度，员工还可以积累管理经验。只要员工有这方面的诉求，就可以凭借自身的意志力来磨炼在今后的工作中必不可少的“专业性”和“管理能力”。

这样一来，要想积累职业经验的话，与其在生产企业之中工作，不如在UT工作更好。相信这样的时代很快就会到来。

另外，通过雇佣正式员工，我们公司还实现了“雇佣平台”的作用。

最近我一直在研究在美国已经非常普及的“PEO（Professional Employer Organization：专业雇主组织）”体制。

在这种体制下，人才同时受雇于企业和PEO，PEO全权负责工资和福利待遇等劳务管理工作。就算人才被企业解雇，然后被派遣到其他企业工作，只要这两个企业属于同一个PEO，那么退休金、雇用保险、福利待遇等都将原封不动地延续下去，不会出现混乱的情况，让换工作变得更加容易。

因为PEO同时实现了灵活性与安全性，所以甚至有雇佣超过500万人的巨型PEO。虽然在日本现有的法律规定下还无法采取PEO的做法，但如果法律规定能够有所改变的话，我非常希望可以导入这一体制。

另外，由于生产现场的派遣员工中女性所占的比例很少，所以我还在考虑幼儿园和托儿所等工作岗位。

当然我们公司的主要任务是为生产现场派遣员工。今后我们仍将不断地探索，如何以最合适的方法为他们提供支援。

|第三章|

公司消失后的可能性与极限

——神田昌典

◎ 有愿景的人才有未来

到2024年，传统型的“公司”将会消亡，而能够灵活利用公司外部资源和机器人，超出传统“公司”框架的网络型组织则会诞生。要想在这种时代发挥出自身的才能，必须能够及时地应对环境的变化，并且不断进行自我变革，也就是成为所谓的“变化型领导”……

以上就是我在第一章中为大家介绍的内容。

而通过若山社长在第二章中所说的内容我们可以发现，在企业环境不断变化的时代，如果还坚持过去那种一成不变的工作方法，就会错失新时代带来的机遇。

更进一步说，未来需要的人才是“能够为了实现组织的愿景，敢于投入热情并且拥有Connecting Intelligence的人才”。

如果员工都对公司未来的发展充满信心，那么就算面对非常困难的挑战也绝对不会轻言放弃，即便面对非常困难的工作也仍然能够团结一致。极端点说，公司在招聘员工时最简单的基准，就是看这名员工是否能够一直对实现公司的愿景充满热情。如果这样的人成为公司的核心，然后对公司外部的资源加以灵活的利用，那么不管什么样的工作一定都能够顺利地完成。

当然，对用人方面来说，如果无法提出一个让人只是听到就能够充满激情的愿景的话，很难召集到人才。如果不想随着时代的变化而衰退，就必须让公司的愿景跟上未来的进化和发展才行。

上述这些结论，都是根据我自己的亲身经验总结出来的。虽然我身为经营者遭遇了巨大的挫折，但如果这些反面教材能够帮助大家少走一些弯路，那将是我最大的荣幸。

◎ 2010年——身患癌症，不得不解散公司

我在2012年的时候自己亲手“解散”了公司。

事件的起因要追溯到2010年的12月，我左手的手指上发现了皮肤癌。那是被称为“恶性黑色素瘤”的非常严重的癌症，同时我还在腋下发现了一个13毫米长的肿瘤。如果这个肿瘤是恶性的，那就已经发展到了中晚期，五年生存率只有50%……

因此我不得不彻底减少自己的工作量。

当时公司的收入几乎完全由我一个人支撑，如果我长时间无法工作，最后恐怕连员工的退休金都发不出来。所以在事情变得完全无法收拾之前，我将当时还在职的30多名员工召集到一起，把自己的病情原原本本地告诉了他们。

大家为了让我能够专心进行治疗，讨论了很多方法和对策。但最后的结果，还是我被迫放弃了自己辛辛苦苦经营14年的公司。准确地说，公司还在，但只剩下我一个人，所以应该称之为“解散”的状态。

在那之后我接受了手术治疗，癌症竟然奇迹般地被完全治愈了，于是我又回到工作岗位上来。

但是我害怕癌症可能在一两年后复发，出于对员工负责的考虑，我决定在身体完全恢复之前暂时维持“一人公司”的现状。其他员工如果想独立，我就和他们签订承包合同，以兼职的方式继续帮我工作。

通过这个方法我总算是保住了公司，但同时我也切实地感觉到公司消亡的可能性。在第三章之中，我想针对这一问题做详细的说明。

◎ 利用ChatWork将生产效率提高4倍

“如果没有员工的话，肯定不得不缩小事业规模吧。”

恐怕很多人都会这样想吧。

但实际上我所从事的许多事业都得以继续。像写作和演讲等仅凭我个人就能够完成的工作自不必说，就连举办讲座、制作教材等需要很多人一起完成的工作，我也在公司外部人才的帮助下顺利完成。2012年我不但举办了一次遍及全国十三个城市的巡回演讲，还展开了多个新项目。

我之所以能够在没有员工的情况下依然展开了这么多项目，除了进入新千年之后，从事外包的公司越来越多之外，还有一个重要的原因就是很多优秀的人才创立了自己的公司，同时为多个客户提供自己的专业服务。

也就是说，在新的体制之下，公司不再雇佣个人，而是雇佣公司。只要召集到具有专业精神的员工，工作效率就会得到极大的提升。

这是为什么呢?

之前我每天都要早九晚五地去公司上班，而自从我没有员工之后，每周我只需要去公司一次。说是公司，其实就是一间租来的办公室，在办公室处理完必要的事务之后，接下来就是和四五名核心成员在咖啡店里开会，这样的会议每周只需要召开一次，时间也只需要两个小时而已。

然而仅仅如此就足够推进项目的进展。正因为大家不常见面，而且会议的时间有限，所以每位成员都会在开会之前做好准备，争取将自己的意见简洁而准确地传达给大家。

这就要求每个人的工作都非常高效。

至于平时的交流，我们通过一款名为“ChatWork”的应用程序来保持联系。ChatWork是由日本开发的云端型聊天软件，可以同时与许多人一起聊天，还可以共享文件夹（实际上，我在创作本书的过程中与编辑之间的沟通也是通过ChatWork进行的）。

最初我对这种方法也是半信半疑，但实际尝试过之后却发现取得的成果不管在质上还是量上都远远超出我的想象。

与在公司上班不同，业务承包是既没有加班的概念也没有休息日的世界。一年三百六十五天，一天二十四小时，随时都能够取得联系，这对于热衷于工作的人来说简直就是乐园。

不用每天通勤上班，在家就可以进行工作，这样的工作状态非常适合家里有小孩的父母，使得他们能够很好地平衡工作与家庭之间的关系。你可以等孩子睡着之后趁着夜深人静的时候把积攒的工作做完，也可以一大早就集中精力搞定工作，然后下午带孩子出去玩儿。

当然也有一些比较复杂的问题无法通过ChatWork来解决，但这样的情况并不是每天都有。事实上，绝大多数的业务交流都只需要一两次沟通就可以解决。另外，有些人不擅长面对面的交流，而利用ChatWork就不会出现这种情况，可以减少沟通上的误会。

采用这种工作方法之后，我的生产效率确实得到了提高。

首先是节约了来回需要一个多小时的通勤时间，其次避免了在会议上对个别问题纠缠不清导致的时间浪费，还不必频繁应对员工的商谈。节省下来的时间我可以用来集中精神进行思考，这就使我的工作效率得到了飞跃性的提升。

根据我自己的经验，如果减少集中精神进行思考的时间，而将时间用在交流和调整上，那么不管有多高的工作热情，最后实际取得的成果都不会太理想。

由此可见，如果在工作的时候不考虑成果，那么生产效率就永远也不会得到提高。以我个人为例，我认为自己现在的生产效率是以前的4倍。

更关键的是，我可以灵活地利用遍布日本各地的优秀人才。

我以前有很多员工的时候，因为大家都要到位于东京的事务所上班，所以我只能雇佣那些居住在东京以及周边的人。

而现在我不必强制要求员工都来公司上班，那么不管是大阪、福冈还是德岛，居住在什么地方都不是问题。现在与我一起工作的成员中，有三成左右都居住在东京以外的其他地区。

当我召开视频会议与他们进行通话的时候，屏幕上出现的是一个非常宽敞的房间，偶尔有孩子从旁边跑过的身影，还能听见汪汪的狗叫声和唧唧喳喳的鸟叫声。仔细一问，果然他住在一个非常贴近自然的环境中。

随着通信技术的不断进步，根本不用在日本各地甚至海外成立分公司，也一样能够拥有最优秀的人才。

有一位新加入团队的成员对我说："一旦习惯了这种工作方式，就完全无法接受之前那种刻板的工作方式了。"在此之前，大家都愿意住的离上班地点近一些，但从此之后距离再也不会成为选择工作的制约，只要是与组织的愿景有共鸣的人，不管住在什么地方，都可以一起工作。

上述这些虽然只是我的个人经验，但当没有了公司的束缚之后，只要不拘泥于从前的工作方法，那么工作的生产效率确实能够得到极大的提高。

◎ 再次雇佣正式员工的理由

虽然没有了公司的束缚，确实会带来许多好处，但同时也存在着无法解决的问题。

如果用一句话来概括这个问题，那就是“无法创建能够传承下去的组织”。

当主动权在我手中的时候，其他人都在我的带领下进行工作，而一旦我停止工作，那么其他人的工作也都会随之停止。这并不是说和我一起工作的其他人在工作热情和技能上存在什么问题，相反我敢很肯定地说“再也没有比他们对工作更有热情的优秀员工了”，我非常信赖他们。

但因为我的工作是以著作业为基础的管理顾问（看起来像是脑力

劳动，但实际上是体力劳动），所以如果我不努力工作，那就无法赚取利益。打个比方就像是牙医诊所。如果牙医不对患者进行治疗，那么不管他的诊所里有多少对工作充满热情的牙科护士，诊所都无法生存下去。

学习班也一样，就算拜托其他的讲师进行授课，学习班存在的前提也是我的著作（=体力劳动），所以如果没有我的工作就无法延续下去。

也就是说，公司在即便没有老板的情况下也仍然可以继续存在，但像我现在这样的工作模式却无法成为能够传承下去的公司。

虽然我这个只有自己一人的公司也能够取得和其他正规公司相差无几的成果，但一个绝大部分成员都由公司外部人才构成的团队，却无法取得超过核心人物极限的成果。

“如果我死了，这家公司也就完蛋了……”

除了我之外没有其他员工，工作全部外包出去，在这样坚持了三年之后我终于感觉到这种体制存在的局限性，甚至开始思考，在公司的寿命只有十年，事业本身的寿命只有三到五年的时代，难道公司只能存活一代，这就是无法更改的时代趋势吗？

但偶然间的一件事，让我又开始思考“创建能够传承的公司”的可能性。

某天，在念高中的女儿一起吃饭的时候，问她：“你今后想从事什么工作呢？”

女儿回答说：“想从事教育相关的工作。对国际援助比较感兴趣。”

因为女儿曾经说过想当幼儿园老师，所以我以为她说的教育相关是幼儿教育，但实际上并非如此。她想去那些因为贫困而导致孩子无法接受教育的国家，想尽一切办法让更多的孩子得到受教育的机会。

于是，我回答道：“教育和国际援助就是爸爸正在做的工作啊。”

说完我忽然意识到：“应该有很多和我女儿一样对教育和国际援助感兴趣的高中生。这样的话，就算我以后退休了，我的公司也仍然有继续存在的价值。”

虽然除了我的公司之外还有许多与教育和国际援助相关的企业与

团体，但像我的公司这样拥有教育方法的企业却是独一无二的。既然如此，我的公司绝对应该传承下去。

那么，要想成为能够传承给下一代的组织，究竟应该怎么做才好呢?

经过思考之后我得出的结论是“必须雇佣正式员工”。

拥有与公司高度一致的愿景，能够成为网络协作的核心，可以一辈子都在一起工作的正式员工（伙伴），哪怕数量非常少，也绝对是有必要的。

◎ 从员工数为零到“混合型人事”

从2011年开始我亲身试验了3年的网络型组织之后，终于在2014年1月开始雇佣正式员工。

不过我公司正式员工的数量并不多。截止到我开始创作这本书的2016年2月，在我成立的公司ALMACREATIONS旗下工作的员工共有30名，但正式员工只有5名。其他的都是个人公司经营者、合同工和派遣员工、外包公司的员工等。

我们将这种组织形式称为“混合型人事”。

正式员工的数量之所以如此之少，并不是因为我不愿意接受正式员工，而是很多人不想成为正式员工。

有不少人因为“不知道家人的工作会不会有变动，想保持现在的状态”和“派遣员工更自由”等理由选择以合同工或者派遣员工的形式进行工作。还有的人因为年龄问题提出“现在做正式员工有点吃不消了”。另外，那些习惯了网络型组织工作方式的人，反而不愿意作为正式员工进行工作。

虽然只有五名正式员工，但只要正式员工能够参与到公司的愿景之中来，以他们为中心雇佣更多的人来进行工作，就可以保证公司的运转。在公司愿景的支撑下，就算我将来退休，公司也仍然能够继续存续下去。

我以“是否能够毕生都与公司的愿景保持一致”为基准招募正式员工，并且以正式员工为核心雇佣了其他形式的员工，从目前的情况来看，我们的组织正在变得越来越有凝聚力。

每当举办活动的时候，所有人都会将“全心全意为顾客服务”作为第一准则，团队上下都充满了团结一致的气氛。大家在为“神田昌

ALMACREATIONS的混合型团队。聚集了正式员工、公司经营者、业务承包商等多种多样的人才。甚至有居住在东京以外的地区，一个月只能见一次面的正式员工。

典与ALMACREATIONS”进行工作的同时，还为了实现公司的愿景而不断地通过思考来提高和改变自己。

虽然我在今后还打算继续增加正式员工的数量，但我并不期待将所有人都变成正式员工，每个人都应该根据自身的职业规划来自由地选择工作方法。我认为通过混合型的人事制度，只要能够形成一个具有发展性的网络合作模式就可以了。

◎ 如何区分正式员工？

虽然我的混合型人事制度尚处于实验阶段，但我想为大家介绍一下我们进行过的尝试，希望能够为大家创建新型的网络合作组织提供一些参考。

首先是定义，所谓“混合型人事”就是“尝试创建一个最合适的场所和制度，让那些与组织愿景有共鸣的成员能够按照各自的工作方法，在完成自己于团队中所承担的责任的同时，还能够实现自身的价值”。

简单说，就是我们尝试着要创建一个让员工能够同时承担起工作和家庭的责任，并且大家都能够愉快地进行工作的场所。然而在实际挑战的过程中，我们遇到了许多困难。

从公司成员变换的角度来看，一开始公司里只有正式员工，然后演变成“正式员工+派遣员工”，接着是“正式员工+派遣员工+合同工”，再然后是“正式员工+派遣员工+合同工+业务承包”，最后甚至还会包括业务承包方的员工以及交易对象方的员工。

这样一来，要想创建一个让站在不同立场上的员工都能够竭尽全力进行工作的场所，就必须有一个崭新的报酬制度和评价制度，还要与他们签订不同的合同，要想给如此复杂的组合找出一个最合适的解决方案，实在是非人力所能及也。

在聚集了这么多种类的人才之后，最令我感到苦恼的问题就是：究竟应该如何区分“正式员工”。

正如前文中提到过的那样，是否拥有与团队相一致的愿景是决定一个人是否成为正式员工的必要条件，但实际上在派遣员工和业务承包方之中，也有许多对我们公司的工作非常有热情，并且做出极大贡献的人。

那么，正式员工与其他员工之间的区别究竟在什么地方呢，我经过反复的思考得出的结论是，正式员工必须与公司的愿景存在强烈的共鸣，把公司的工作当成自己的专业，拥有终生工作的意愿，而且能够有规律地通过团队合作来加速实现自身价值。

换成更加通俗易懂的说法就是“正式员工是将实现组织愿景作为自己毕生目标的人”，“其他成员则是为了实现自身的目标而与公司存在工作关系的人”。

站在这个角度来看的话，雇佣正式员工对于公司的社长来说就像是增加家庭成员一样，是非常重要的决定。

或许有的经营者会认为“如果想的那么复杂，岂不是雇不到员工了吗”，还有的员工可能会因为这种责任太过于沉重而不愿成为正社员。

但如果透过现象看本质的话我们不难发现，今后的工作将不再只是为了养家糊口而迫不得已的劳动。如今在中小学校园里都已经开始进行与今后就职相关的教育了，那么到2024年的时候，人们为了实现自我价值而选择工作的情况也是理所当然的。

也就是说，在过去那种人们为了填饱肚子或者养家糊口而不得不进行劳动的工业化时代流传下来的创建公司的方法，在未来必须做出根本性的改变。

在新时代，最重要的是绝对不会动摇的公司愿景，为绝不动摇的公司愿景提供强有力支援的人是公司的经营干部。而正式员工就是经营干部的候选人。只要这些核心成员能够充分地发挥出自身的凝聚力，就可以自然而然地吸引周围的优秀人才。

因为这部分内容非常重要，所以请允许我强调一下。作为公司核心成员的经营干部一定要有非常强的凝聚力。或许核心成员只有五六个人，但只要做到这一点，就一定能够创建出在新时代取得飞跃性进步的新组织。

只要拥有组织的核心并且完善相应的制度和基础，接下来的网络合作就会像细胞分裂一样迅速地展开。而且在新时代的组织周围，会产生出更多的工作机会。

◎ 拥有优秀能力的主妇和MBA是核心团队的有力支援

在相当于组织大脑的核心成员固定下来之后，接下来就是以网络协作的方式为各种业务召集成员。

当然并不能将所有业务都交给团队成员。比如审视和修正工作的方法，以及与贯彻全心全意为顾客服务的企业战略和职场文化构筑等相关的工作，都必须由核心成员来完成。但只要打好这些基础，确定了企业的愿景和文化，那么随着事业的成长而增加的日常业务都可以灵活地外包出去。

幸运的是，随着IT化的不断发展，绝大多数的日常业务都能够以非常低廉的价格委托给公司外部人才来完成。

比如处理订单和用户咨询等客户支持服务，以前很多企业都要用自己公司的正式员工，或者雇佣合同工和派遣员工来进行，即便将这部分业务外包出去，也要给提供呼叫中心服务的公司支付高额的报酬。但如今家庭主妇可以通过网络协作的方式以低廉的价格提供高品质的客户支持服务。

我委托的NPO法人“女性职业规划”就是提供这种服务的团体之一。在这个NPO旗下有大约一千余名希望可以在家工作的家庭主妇，她们之前都曾经在一流的企业之中工作过，但因为需要养育孩子等原因而成为专职的家庭主妇，现在则通过网络协作的方式提供秘书服务。

从企业的角度来说，与雇佣一名全职的员工相比，这种按照实际工作时间支付报酬的秘书服务可以大幅削减成本。而且因为这些女性拥有丰富的工作经验和优秀的能力，所以雇佣她们的性价比非常高。而且还不用考虑与招聘和雇佣相关的繁杂人事流程，简直是一举多得。

从家庭主妇们的角度来说，因为每天需要有足够接送孩子的三个小时的自由时间，所以很难从事全职的工作，但她们白天在家的时候又有很多空闲时间可以用来进行工作。更重要的是，这些全职妈妈都希望自己能够在养育孩子的同时也不会与社会脱节。因此公司来雇佣家庭主妇等于是构筑起了一个双赢的关系。

说句题外话，上面提到的那个团体，采用了某种方法之后，极大地提高了主妇们的稳定率。这个方法就是“招聘的时候不用直接见面”。一般情况下，企业在进行招聘的时候都会非常认真地准备面试，而这个团体所采用的方法可以说是完全相反。

结果主妇们的稳定率却得到了极大的提高。之所以会出现这种情况，我个人的推测是，如果应聘者与面试官进行面对面的交流，那么与公司的愿景相比，对面试官这个人的第一印象可能会影响到应聘者在入职之后的工作热情。

如果员工能够通过漂亮地完成工作感到自我价值得到了实现，那么与大家都在一起工作被职场上的人际关系所困扰相比，反而是各自独立工作更能够让人长久且稳定地工作下去。现代社会的人们因为越来越多地被facebook等社交软件的浅层社交所操控，所以不想在职场上增加更多人际关系的烦恼。或许渴望从职场之中解放出来，只进行纯粹的工作的人数也在不断增加吧。

另一方面，像管理顾问之类对能力要求较高的工作，也已经形成了能够利用低成本进行外包的体制。

诞生于2015年的“MBA银行”就是最好的例子。

这是一项将因为负担不起高额的费用而无法委托管理顾问公司的中小企业，与以取得MBA（工商管理硕士）学位为目标而在国内外著名商学院中就读的学生相匹配的服务。

别看只是在读的学生，实际上他们中有很多人都拥有在一流企业之中的实战经验，而且因为都是在庆应义熟大学、早稻田大学、京都大学等一流学府中就读的人，所以对企业来说他们绝对是值得信赖的人才。除了正在就读的学生之外，还有已经毕业的学生。企业可以不必支付高额的薪水去专门雇佣一个拥有极高能力的企划型员工，只在有必要的时候雇佣这些学生就可以了。

对于学生来说，这是一个将他们在课堂上学到的东西加以实践的绝佳机会。就算在现在的工作岗位上无法充分发挥自己的才能，也可以通过承包其他公司的工作来磨炼自身的企划力。同时这还可以使他们开阔视野、增长见识。可以说对企业和学生双方都有好处。

当企业有工作想要委托的时候，可以将自己想要委托的项目和预算登陆在MBA银行上。比如“使用SNS的Web市场营销企划立案”“《家具行业品牌影响力调查》的调查表设计与分析”“制作进军投币洗衣机行业的商业计划”等，什么样的项目都可以委托。

学生在看到委托之后，就会通过电子邮件向企业发送提案内容和计划书。如果企业同时收到多个学生发来的提案，只能选择其中一个。也就是说，只要登录项目，就可以找到优秀的管理顾问。

企业可以通过电话和邮件与提供管理顾问服务的学生保持联系，

推动项目进展，并且最终取得成果。一般情况下，如果委托一名专业的管理顾问为一个项目提供服务，每个月需要缴纳几十万日元甚至几百万日元的费用，但利用MBA银行的话，一个项目只要十万日元到二十万日元就可以搞定。

或许与委托一流的管理顾问相比，这种方法取得的最终成果在品质上要稍差一些，但从性价比的角度来看却是绝对划算。毕竟只用十万日元就能获得一份很不错的商业计划和调查报告。另外，如果隔一段时间之后重新进行委托，还可以从不同的人那里得到更多的意见。

由此可见，用低廉的价格获得像管理顾问这样高级服务的时代很快就会到来。

◎ “像我们这样的地方企业也能够雇佣到优秀人才”的理由

“提出愿景，然后召集与愿景有共鸣的核心成员。道理我都懂，但像我们这样的地方企业，根本雇佣不到那么优秀的人才啊……”

或许有人会提出这样的问题。

但实际上现在有不少在大企业积累了丰富经验的优秀人才离开东京和大企业而转投到地方以及中小企业的事例，因为他们也有自己的人生规划，“如果能够发挥自己的才能、实现人生规划，就算离开东京或者在中小企业工作也没关系”。

将位于东京以外地区的中小企业和优秀人才联系起来的就是“BizReach”服务。

这一服务的特征在于，只要企业支付了会费，那么在半年内可以不受次数限制地进行面试。在这个网站上登录个人信息的求职者都是担任过经营干部或者管理人员的优秀人才。企业可以等待求职者发来应聘申请，也可以在网站的数据库中查询求职者的信息，如果发现既优秀又和自己公司的愿景有共鸣的人才，就主动地发送出招聘邀请。

求职者虽然是免费注册，但如果想尽快找到适合自己的工作，那么每个月还是需要交纳3000~5000日元的费用，因此在这个网站上几乎没有随便注册玩玩的求职者，态度绝对是非常认真的。

领英（LinkedIn）是在国际范围内将求职者与企业相互匹配起来的服务，但因为存在泄漏个人信息的危险，所以在日本并没有得到普及。

与之相对的，BizReach采用的是会员制，所以在信息保护方面更令人放心。也可以说更适合喜欢匿名的日本人吧。

企业方面因为“可以很方便地找到优秀的人才”，求职者则因为“能够在跳槽时有更多的选择，找到最适合自己的工作”，都对BizReach提供的服务给出了极高的评价。如果求职者收到意料之外的企业发来的招聘邀请，那么说明他们或许存在着连自己都没有意识到的能力。正因为BizReach对双方都有好处，因此利用BizReach的企业和求职者越来越多（今后或许会出现企业在BizReach上寻找人才的时候发现自己公司员工的情况……）。

由此我们可以确认，只要是拥有远大愿景的公司，不管企业规模大小和位于何处，都能够吸引到优秀的人才。

◎ 走出公司，自己进行职业规划

从个人的立场上来看，所谓公司消失的时代，其实就是“真正能够自由地选择工作方法”的时代。

即便在同一家公司工作，既可以作为正式员工、合同工或者外部合伙人，也可以利用“女性职业规划”和“MBA银行”之类的服务。随着IT技术的不断进步，今后人们将不再受工作地点和时间的限制，自由地选择适合自己的工作方法。

到了那个时候，最关键的事情就是“自己是否明确自身的职业规划”。如果做不到这一点，那就无法找出最适合自己的工作方法，也无法自己进行职业规划。事实上，绝大多数的人对自己的职业规划都没有一个非常明确的认知。

以前公司会替你安排好职业规划，但现在企业在用人上更重视效率，员工也渴望不被终身雇佣制束缚的自由的工作方法，因此现在很少有公司会为员工安排职业规划。

结果现在很多人都在工作的道路上充满了迷茫。最近在中小学生中已经开始实施职业规划教育，等他们长大成人之后，或许就是一个人人都拥有明确的职业规划的时代吧，但对于现在的商界人士来说却正处于一个断层时期。失去的二十年不只使日本失去了经济的发展，更让这些人失去了面向未来进行职业规划的能力。

因此最重要的问题就是：明确自身的职业规划，并且自己主动去进行职业规划。

在美国，“自己主动进行职业规划”的风潮十分流行，通过阅读来掌握新的知识自不必说，自掏腰包去参加学习班和研讨会的人也越来越多。通过参加这些活动不但能够增强自身的技能、拓展人际关系，更重要的是可以通过与他人的交流来对自己的职业规划进行重新的审视，从而开拓出全新的职业发展道路（有调查结果表明，那些肯自掏腰包通过参加学习班之类的活动提高自身能力的人，往往更能够开发出自身的领导能力，而这是通往成功必不可少的能力）。

我主办的读书会“Read For Action”以“参加者互相帮助一起阅读”为主旨，吸引了来自全国各地不同行业的商界人士参加，像这样的公司外部活动在日本也是越来越多。积极参加这样的活动，也是明确自身职业规划以及主动进行职业规划的办法之一。

从今往后，或许会出现许多为个人职业规划提供支援的新型服务。

比如要是有一个“派遣公司提供一个能够体验各种工作的场所”这样的服务，想必会有很多人利用吧。

不久之前，美国出版了一本名为 *The One-Week Job Project* 的书。这本书的作者用了一年也就是五十二周的时间，每周体验一种工作，包括电视台工作人员、播音员、普拉提教练、工地工人等，然后根据自己的经历写成了这本书。

虽然不见得人人都做到像他这样，但确实有很多人会为了找到适合自己的工作进行许多尝试。

不过我发现最近能够让人体验多种工作的机会越来越少。在我二十多岁的时候，公司为了培养将来的干部候选人，会每隔几年就给员工换一个岗位，而现在因为专业性愈发地受到重视，所以给员工一百八十度调换工作岗位的企业和过去相比少了许多。

年轻的时候积累多种工作的经验，到三四十岁的时候就会成为一笔宝贵的财富。这是我通过亲身经历总结出的结论。

我大学毕业之后进入外务省，虽然只有短短四年的公务员生活，但却体验了为发展中国家提供开发援助、参与报道西方七国首脑会谈等许多不同的工作。后来我去美国念商业学校，利用实习期间在金融机构的事务部里工作了一段时间，在进入管理顾问公司之后我参与了许多管理顾问项目，被裁员后我还在外资系人事管理公司做了三个月的合同工。

因为我当时的工作一直都不太稳定，所以对找工作这件事甚至感到有些焦虑起来，但就在我四处面试的时候，一位美国企业的面试官对我说了这样一番话：

“年纪轻轻就积累了这么丰富的工作经历，你真是非常幸运呢。在这个非常不稳定的时代里，通过丰富的亲身经历来对自己的职业规划进行思考是十分重要的事情。”

听了他的话之后，我的心情顿时豁然开朗。事实上，通过那些工作积累下来的丰富经验不但将我培养成了一个通才，还在我自己创办管理顾问公司的时候提供了巨大的帮助。

如果积累多种工作经验的重要性能够得到大家的普遍认可，那么或许会有更多的人做出“首先作为派遣员工工作几年”这样的战略性选择。而派遣公司也会根据这一需求专门将员工派遣往不同的职场。

另一方面，在公司不为员工进行职业规划的时代，也出现了专门帮助那些没有任何职业规划的人进行职业规划的公司。UT集团就是其中之一。在UT，甚至有原本完全没有进取意识的人，实现了飞跃性的成长并且最终成为总经理的事例。而UT之所以会诞生出这样的人才，正是因为他们准备了一套能够让员工意识到职业规划的重要性并且自主地进行职业规划的体制。

在第四章中，若山社长就将为我们详细介绍这一体制。

| 第四章 |

创造一个能够自然而然地磨炼才能的“场所”

——若山阳一

◎ 时薪900日元的派遣员工成为总经理的职场秘诀

“如何培养能够提高附加价值的人才？”

这应该是每个公司都有的苦恼吧。对于从创业初期就将派遣员工作为正式员工雇佣的我们公司来说，人才培养是长久的课题。

能够自己主动建立职业规划，敢于挑战超出自身极限的工作，逐渐形成自己的职业规划……拥有这样的员工当然是非常理想的，但像这样的优秀人才，在任何公司之中恐怕都不足十分之一。

还有一个问题，当然这个问题在普通公司之中也存在，但在派遣公司之中则更甚，那就是员工“人生的优先顺序”各不相同。有通过工作实现自我的人，也有在工作之外的事情上找到人生价值的人。有将工作当成实现远大目标第一步的人，也有将工作当成谋生手段的人……虽然每个人想做的事情都不一样，但与拥有强烈的进取意识、努力工作的人相比，将重点放在享受生活上的人显然数量更多。

不过，我坚信在我们公司的派遣员工之中，有很多是只要加以磨炼就可以发挥出才能的人才。就算是那些不符合“常识性”精英标准的人，也有很强的能力，只要有一个合适的机会，他们一定能够一鸣惊人。

那么，究竟应该怎样做，才能让这些入职时期、入职动机、年龄以及背景都各不相同，拥有多元化价值观的员工们点燃心中对成长的热情呢？如何让他们自己主动地去进行职场规划呢？要怎样才能给他们提供一个能够自然而然地磨炼才能的场所呢？

自从创业至今的二十年来，我一直在思考这些问题，而且也创造了许多为职业规划提供支援的制度。

这样做的结果，就像我在第二章中提到过的那样。

“高中辍学，为了能有时间玩单板滑雪而进入我们公司，时薪只有900日元的派遣员工，后来积极主动地开始工作，35岁成为总经理”。

虽然在整个过程中我也进行过许多错误的尝试，但正因为诞生出了这样的人才，使我得以确认自己在人才培养的方向性上是没有错误的。

那么，UT集团的人才培养体制究竟是什么样的呢？接下来我将毫无保留地为大家进行详细的介绍。

◎ 打破“不管怎么努力也不会得到回报”的心魔

要想点燃员工心中的成长热情，首先最重要的是让员工知道：

“只要在这里工作，早晚都能够抓住机会。”

成为派遣员工的人，要么是十几岁的时候太贪玩儿，要么是大学入学考试或者找工作的时候失败了，他们中的绝大多数都认为自己已经被主流社会所排斥，“不管怎么努力也不会得到回报”。

但是，就算没有学历，没有丰富的工作经验，努力的人还是会因为自己辛勤的付出得到肯定。为员工准备一个这样的体制，让员工知道机会就在前方，只要身处职场之中，就算是已经对自己的人生放弃一半的人也能够重拾干劲。

这种堪称为“机会”的象征的制度，就是在第二章中提到过的“晋升制度”。2012年开始实行的这一制度，不问年龄和工作经验，让任何人都可以成为派遣团队中的领导或者总经理的候选人。

极端点说，一名员工最短可以在入职后的第二年晋升为总经理。成为总经理之后还有专门的利益分配制度，让公司与个人的成长一体化。另外，我们还有针对普通员工的“业绩奖金”，这是对做出贡献的员工进行适当奖励的制度。

从2016年4月开始，我们公司还导入了总经理委任制度。在董事会确立整体的经营方针之后，具体的执行方面就完全交给总经理负责。

年纪轻轻就成为总经理，不但被委以重任，还能够获得数千万日元的报酬。如果知道自己将来或许会取得这样的成就，员工们肯定都干劲十足吧。

如果对刚入职不久的人说“努力成为总经理吧”，对方的反应很有可能是“目标太遥远，一点也不现实”。而且，工作积极性不高的人普遍都会产生出“虽然有兴趣，但成为候选人的话太麻烦，还是算了”之类的想法。

为了解决这一问题，我还特意准备了另外一个让员工感觉目标和自己比较接近的体制。那就是“工作等级制度”。

我们公司通过这一制度设定了25个职务等级，明确了每个职务等级所对应的必要技能基准。然后根据这一制度对员工进行公正的评价，并且通过升职加薪等方式来反映。

这也就相当于我们常说的“岗位工资制”。虽然这是在普通的公司里很常见的制度，但对于人才派遣和业务承包公司来说却很少见。而且，我们公司在很早的阶段就导入了这一制度，堪称行业内的先驱者。

我在创业第三年即1999年就导入了工作等级制度。当时有一家大型电机生产商对我说：“派遣员工的稳定率很低，导致生产效率难以提高，能不能想点办法解决这个问题呢？”于是我提出“对派遣员工提供技能教育，根据技能提高给予相应的加薪”的体制。因为“只要提高工作技能，就能够赚到更多的薪水”，这样一来派遣员工的工作积极性得到了极大的提升，员工的稳定率和生产效率也同样提高了不少。

当自己的工作等级提高之后，就连原本工作热情不那么高的员工，也会产生出“想要更进一步”的想法。再接下来，他们就会考虑晋升制度了。

最近，接收派遣员工的公司也导入了对派遣员工进行评价的体制。这样就使得评价的公平性和准确性更进一步得到提高。而且对派遣员工来说，不但工资提高了，还能够产生出“自己得到了客户企业的认可”的自信。

另一方面，因为客户企业都希望“能够让优秀的派遣员工稳定地进行工作”，所以当我们推荐他们导入这样的评价制度时，绝大多数的客户企业都会很积极地接受，即便这样做可能导致企业支出更多的成本。

◎ 激发主人翁意识的“员工股东会”

在派遣公司中绝无仅有的“员工股东会”也极大地提高了员工们的工作热情。

员工可以通过股东会购买UT集团的股票。在总购买金额中，公司提供10%的补助。也就是说比普通购买股票更划算。

只要公司的业绩提高、股价上涨，那么员工拥有的资产就会越来越多。就算自己的工作成果不一定会直接影响到股价的涨跌，但至少能够让员工感觉到自己的工作与公司之间存在着联系。

另外，我们公司还有一个名为“股东会型ESOP（Employee Stock Ownership Plan）”的制度。通过这一制度，员工在加入股东会并且购买了本公司的股票之后，不但可以每年一次获得分红，当信托结束时如果仍然残留有信托资产的话，还能够获得额外的分配金。因为股东会不直接从市场购买股票，通过信托公司可以获得更多的分配金，这对于员工们来说，更增加了持有本公司股票的好处。

而那些为公司做出多年贡献的员工，我们会根据员工的工作年数给予相应的股票，这就是“UT–ESOP”制度。

通过上述这些努力，我的目标是让尽可能多的员工都能够拥有自己公司的股票。

我在2003年成立员工股东会的初衷，就是为了与员工一起分享公司取得的成果。

我一直认为“资本市场的体制并不适用于派遣公司”。所谓资本市场的体制，就是由资本家来承担风险、投资设备、创造价值，而这样产生出来的利益当然是属于资本家和股东的。

但是，派遣公司并不是像资本家那样通过承担巨大的风险来创造价值，而是将召集来的员工派遣到各个企业，通过这些派遣员工每天的工作来创造价值。

我在成立这家公司的时候投入的资本金是300万日元。如今公司已经发展壮大，而我最初投入的那300万日元与公司目前的资产相比简直完全不值一提。因此，如果公司获得的利益只属于包括我在内的一小部分资本家，那这实在是非常的不合理，我认为将利益分配给创造价值的员工们才是正确的做法。

事实上，因为人才派遣行业之中绝大多数都是家族企业，所以员工们很难产生出工作热情。

我在第二章中提到过“为了给员工每人发放100万日元，结果使自己背负了上亿的债务”，这就是因为我认为“自己获得的回报要远远大于承担的风险，所以必须将其中的一部分返还给大家”，所以才会做出那样的行动（虽然从结果上来说，我的行动给公司和正式员工都增添了许多的麻烦……）。

我是在对美国的家政公司ServiceMaster进行考察之后受到启发才成立的员工股东会。这家公司因为“清洁工打扫得最为认真”，业绩得到了大幅的增长，要问这家公司的员工为什么会如此认真努力的工作，答案就是这家公司所有的清洁工都是公司的股东。一旦员工知道自己的工作与自己的未来之间存在着某种联系，工作时当然会非常认真。通过让员工亲自参与到公司的经营之中来，可以激发出员工的主人翁意识，使他们对工作的态度发生巨大的转变。

像这样，“让员工对自己的工作产生出主人翁意识”，也是我让员工拥有自己公司股票的目的之一。

◎ 在短时间内掌握高级技术的教育平台

在给员工指明了前进的方向之后，接下来就要为员工实现目标提供帮助和支援。我们公司为了让员工能够在短时间内掌握基本的工作技术，特意准备了一个将OFF-JT和OJT组合在一起的教育平台。

首先是OFF-JT方面，我们公司自己开发了一套“网络课程”。

这是一个只要有电脑和网络环境，即便待在家里也能够学习技能的课程。整套课程大体上可以分为12个种类，包括“半导体基础”“电气入门”和“真空技术入门”等共通技术的入门篇，“半导体制造技术”等实务模拟篇，以及“操作错误的改善与管理”“技术管理者”等管理实务篇。所有课程网罗了从基本的工作方法到专业知识的大量内容，不管是刚入职的新人还是工作多年的老员工，都可以根据自身的情况进行系统的学习。

在实务模拟方面，员工并不是被动地学习，而是可以自己动手对实际的操作进行模拟体验。比如半导体的制作工艺包括光刻和蚀刻等

6道工序。视频课程在演示的过程中会模拟实际操作时可能出现的情况，比如“这个装置有两个按钮，如果按下右边的按钮会发生什么？按下左边的按钮时会发生什么？”这样员工通过反复模拟自己负责的工序，就能够顺利地掌握基本技术。

这套模拟课程是由几十名在半导体制作岗位上以及在员工培训岗位上积累了丰富经验、对技术非常精通的员工所组成的技术支援团队，花了整整一年的时间才开发出来的。

前文中曾经多次提到过的“从时薪900日元的派遣员工成为总经理”的小野，就是通过这套网络课程磨炼自己的基本技能。

一般情况下，要想掌握整个生产流程大约需要两个月左右的时间，但是通过网络课程，只要一周就可以将整个流程确认一遍，这样一来员工就能够迅速地掌握工作的整体情况。而在掌握了工作的整体情况之后，员工可以更清楚地认识到每道工序的重要性，从而在自己实际操作时更加小心谨慎，不给下一道工序添麻烦。

虽然通过网络课程只能学到一些泛用的知识，还需要通过OJT来学习在不同企业工作时所需的特殊技能，但拥有这些泛用的知识作为基础，可以极大地提高员工学习技能时的速度，自然能给负责OJT的人节省大量的时间与精力。

在OJT方面，我们公司会定期进行岗位调整。站在派遣公司的立场上从短期来看，当然是让员工熟练掌握一道工序更有效率，还不用花费太多的时间来进行培训。但从长远的角度来看，让员工掌握多种业务技能，不但可以让他们能够从事附加价值更高的工作，还更便于公司对员工进行管理。不管对员工本人还是对公司来说都有好处。因此我们公司才会定期进行岗位调整。

除了调整工作岗位之外，我们还会让员工尽量多去几个企业。通过亲身体验不同企业的风格和制造工艺，可以提高员工的适应性，使他们不管在什么样的企业之中都能够充分地发挥自身的能力。另外，这样还可以提高员工解决问题的能力。

◎ 通过团队派遣来磨炼“团队工作能力”

派遣员工在制造业的工作现场从事的是被细分化的制造工作，每个人都有自己的工作任务。虽然独自一人默默地工作也能够完成任务，但这样完全无法积累团队工作的经验。绝大多数情况下，在一条生产线上有多个派遣公司派来的员工，所以派遣员工们相互之间几乎一整天都没有任何对话交流。

在这方面，我们公司原则上会以“团队派遣”的形式来与客户企业签约。也就是说，我们公司将技术员工和对他们进行管理的管理者组成一个团队，然后以这个团队承包整个工程的形式来进行派遣。团队的人数由客户企业的工程规模决定，基本上是二十到五十人左右。

当然，这样做的主要目的是提高销售额和利润，但通过团队派遣，派遣员工们之间可以进行交流，比如“将这两道工序之间进行这样的改变，就可以提高工作效率”。从结果上来说，不但能够提高生产效率，还可以让工作经验丰富的前辈在工作过程中自然而然地对后辈进行教育。这样一来，员工们的团队合作意识也能够得到提高。

总经理小野曾经说过，当他以团队派遣的形式在新潟的工厂中工作时发现，与自己一个人努力工作取得微小的成果相比，大家一起努力取得巨大的成果更让人感到开心和喜悦，因此他对在团队中工作产生了浓厚的兴趣。

顺带一提，当整个团队都被派遣到东京以外地区的工厂中工作时，员工们在休息日的时候也会聚在一起，他们甚至还会把其他派遣公司的派遣员工也邀请来一起玩儿。小野似乎就带着其他公司的员工一起玩他最喜欢的单板滑雪。通过这样的活动增进感情之后，派遣员工之间的交流就会增加，工厂的生产效率自然也会逐渐得到提高，形成一个良性循环。而我们UT集团派遣的团队就是形成这种良心循环的核心。

◎ 用“FC最优秀奖”积累成功经验

为了让员工能够积极地进行工作，最重要的内容就是“成功经验”。哪怕是很微小的成功经验，也可以极大地改变一个人的工作态度。特别是对于那些缺乏自信的人来说，即便是很微小的成功经验，也是非常难得的宝贵财富。

要想让员工积累成功经验，创造一个特别的机会尤为重要。

我们公司采取的办法之一就是每年举办一次的“FC（Factory Center）最优秀奖”。被派遣出去的团队可以用他们在各自职场之中努力实现的改善成果来进行比拼。首先所有的团队要在全国七个地区范围内进行预赛，在预赛中获胜的六个团队将在东京举办的全国大赛上同台竞技，争夺最后的冠军。

为了在这项赛事之中取得好成绩，每个团队都会努力工作，这样可以使他们积累团队工作的经验，而且如果能够最终获胜的话，还会使团队中的每个人都获得极大的自信。

类似这样的竞赛活动或许在制造行业中是普遍存在的，但在派遣和承包公司之中恐怕我们是唯一的一家。

顺带一提，某大型电器生产商S公司也举办了这样的改善报告会，但在过去三届，连续都是由我们公司的员工获得第一名或者第二名的好成绩。这证明了派遣员工也能够进行改善活动的时代已经到来，虽然有些自卖自夸的嫌疑，但这也从另一个方面说明我们公司的员工工作热情非常高涨，工作态度十分认真。

给员工准备这样一个展示自己的舞台，可以让他们在平时的工作之中积极主动地对自己的工作方法进行改善。

这也是团队派遣带来的另一个好处。将整个工程都承包下来，意味着客户在某种程度上把工作完全交给我们负责，这样更便于员工们开展工作。

员工通过自己的努力成功地提高生产效率之后，不但能够从中感觉到自己的工作意义，还会因此得到同事或者现场管理者的称赞，想必任何人都会因此而感到非常开心吧。为了能够再次体会到这种喜悦，员工会更加努力地工作，从而形成一种良性循环。

成为总经理的小野就是最好的例子。他担任小组长的时候与团队成员一起改变了工作的方法，使生产效率得到了极大的提高。因为这次的成功，他得到了“小野真能干”的称赞，并且越来越有自信。

◎ 在全国500家工厂之中积累工作经验

团队派遣还有一个好处，那就是可以帮助员工积累管理经验。

正如前文中提到过的一样，今后是只有“能够对拥有各种不同特点的人进行管理的人才”和“拥有能够被选为团队合作成员的专业技能的人才”才能够生存下来的时代。像我们这样的派遣公司，虽然能够通过网络课程和实际的工作来积累专业技能经验，可是在只派遣寥寥数名员工的情况下很难积累管理经验。

但如果能够进行团队派遣的话，就可以在实战中磨炼管理能力。

在进行团队派遣的时候，每个团队都会有三种管理人员同行，分别是小组长、工程管理者以及现场经理。

小组长就是每个班组的管理者，比如一项工程需要4个班组轮流倒班，那么每个班组都需要有一名小组长来负责管理。工程管理者是全部4个班组的管理者，同时还负责员工面试和与客户沟通等工作。现场经理则是负责工程管理、现场管理、人才雇佣等全部工作项目的总负责人，就像是一个小企业的社长一样。

这些管理者要与派遣公司总部和派遣团队的负责人保持沟通，将工作内容和注意事项等传达给现场的技术人员，对工作进展情况进行把控，为进展缓慢的员工提供支援，对工作过程进行微调等。与普通企业的管理人员需要做的事情没什么不同。

我们公司的客户遍及全国各地500多家工厂，如果全部采用团队派遣的方式，那么就有500×3=1500个磨炼管理能力的机会。在许多不同的工作现场进行工作，仅此一点就可以积累许多不同的管理经验。

因为现场经理是由“晋升制度”选拔出来的，只要是有志成为管理者的人都有机会。员工可以先从小组长和工程管理者做起，通过实战一点一点地积累管理经验。除此之外，还有专门面向管理岗位的培训。

我们公司从员工入职第一年开始就有“管理方向”与“专业技术方向”两种职业规划可供选择，前者以成为拥有丰富管理经验的管理者为目标，后者以成为拥有丰富专业知识的现场专家为目标。

选择管理方向的人，我们会给他准备许多能够积累管理能力的研修。比如对于现场团队管理者来说必不可少的，能够掌握生产现场管理基础的“管理者综合研修”，以及用来提高作为职场负责人的实务执行能力和指导能力的“MTM研修”等。另外我们还有为期一年的，以培养干部候选人为目标的“超级管理学校”，通过培训和考试来对候选人进行选拔。

这样一来，员工就可以将培训学到的知识通过现场实践变成自己的东西彻底掌握。管理能力必须通过现场实践在失败中不断摸索才能够彻底掌握，UT就为员工准备了许多进行挑战和尝试的机会。

通过晋升制度成为现场经理之后，真正的挑战才刚刚开始。虽然年纪轻轻就身担重任，带领多达一两百人的团队确实非常辛苦，但只要能够取得成果，将会给人带来极大的自信。小野就在三十岁的而立之年成为现场经理，并且非常努力地进行工作。

围绕现场领导位置的争夺异常激烈。就算工厂长已经有确定的人选，但只要出现新的候选人，那么他们就会为谁才是工厂长最合适的人选展开竞争。

如果不能带领团队取得成果，甚至有在工厂长的位置上只干了一年就被换掉的情况。每年都有20%的领导岗位出现更替。或许与那些按照年功序列制晋升的企业相比，这是非常残酷的职场环境。但也正因为如此，UT集团可以很自豪地说，我们的领导干部们拥有比其他企业的领导干部更优秀的管理能力。

竞争上岗同样适用于总经理层面的职位，每年的更换率也在20%左右。因此，越是认为自己已经地位稳固的人，越容易失去所在的地位。我认为身处在如此残酷的环境之中，更有利于员工的成长。

◎ 利用“Mild Yankee”使地区产业活性化

“考虑到将来的发展，我想掌握IT技能”“我感觉一直以来从事的工作对我来说并不合适”……

想必许多身处职场之中的人都有过这样的想法吧。

为了给这样的人提供一个改变自身职业发展轨迹的机会，我们从2014年开始提出了“One UT计划”。

这是为有意向尝试新职业的人提供迈出第一步所需的基础知识与技能的培训计划。通过接受这种培训，员工可以在集团公司内跳槽或者更换职业。

职业包括“设计开发工程师”“建筑工程师”“ICT工程师”三种。

“设计开发工程师”又分为“网络工程师”“机械设计工程师”和“项目工程师”三个发展方向。志愿者可以利用休息时间，每个月参加两到三次培训，在半年内接受共计50个小时的培训。

首先从学习行业标准工具的操作和编程等基础技术开始，在熟练掌握工作所需技能的同时以考取资格证书为目标。取得资格证书之后再通过公司内部的考核，就可以被安排进入负责软件与硬件开发设计的集团公司（UT科技），作为工程师参与项目，积累实际的工作经验。

“设计开发工程师”今后的需求非常大，预计在未来十年间这一职业的人数将会增加几十倍。但是由于技术更新换代的速度非常快，所以IT企业越来越难自己培养工程师人才，只能寻求外界的帮助。正因为如此，我们才考虑培养工程师人才。而除了我们之外，对员工进行如此系统培训的派遣公司几乎没有。

在培训“建筑工程师”的时候，志愿者们会通过为期三天的集合特训，学习成为建筑工程师的基础知识、施工管理的相关法规，以及专业术语等在工作现场必不可少的知识。学成之后，他们会被安排到专门承包建筑公司工程的集团公司（UT建设）进行工作。首先从施工管理技术者的助手做起，一边积累实际工作经验一边考取施工管理技师的资格证书。

因为这是从2014年才开始实施的计划，所以到目前为止毕业生只有130人左右，但所有参加培训的员工都很满意地表示“从毫无经验到熟练掌握IT工程师的技术，使自己在职业发展上可以有更多的选择”，客户们也认为“UT派遣的人才质量很高”，对我们给予了一致的好评。

我认为这个“One UT计划”非常适合某一类人群。那就是被称为“Mild Yankee”的群体。

所谓“Mild Yankee”，指的是非常喜欢故乡，从没有离开过故乡的人。这些人想要维持与家人和朋友的关系，在最能够让自己感到放松的故乡一直生活下去。他们平时只去附近的永旺或者ROUND1，活动范围一般不会超过半径6公里。实际上，最近在二十多岁的派遣员工之中，有许多都是“Mild Yankee”。

因为年轻人在经济状况上不是很稳定，所以他们选择在父母身边生活也许是出于经济上的原因，再加上现在互联网这么发达，即便是住在小地方的年轻人对大城市的憧憬也不像以前的人那么强烈了。

这种“Mild Yankee”类型的人，在选择工作的时候也希望能够在当地工作。很多人都提出“对工作的内容没有要求，只要可以在家乡工作就好”。不过，小地方的工作机会毕竟有限，而且这些年轻人所拥有的工作技能往往与工作岗位不匹配。

但是，这些人通过“One UT计划”掌握了新的技能之后，就可以如愿以偿地在当地找到工作。

因此，从增强地区产业活性化的角度上来说，这个计划是非常有意义的。

◎ 不断地接受挑战和经历失败会使人成长

UT集团通过上述这些举措，不但成功地点燃了员工的工作热情，还培养出许多能够积极主动进行职业规划的人才。

但另一方面，公司也要求员工认可公司的责任和愿景，根据公司的发展方向来对自己的行动进行调整。

UT集团的责任是“用工作的力量使人充满活力”。通过给所有的员工接受挑战的机会，让越来越多的人敢于提出更高的目标，勇敢地迎接挑战，从而得到成长并从中感觉到喜悦。我坚信这种充满活力的姿态，一定能够回应所有客户的期待，并且为日本今后的发展贡献出自己的力量。

不管是多么优秀的人才，如果对这个责任不能产生共鸣，那么就没有在我们公司工作的意义，或许去其他公司工作是更好的选择。

要想承担起这个责任，必须具备以下四个价值观：

①Aspiration——敢于不断迎接新挑战的理想

拥有强烈的愿望，不满足于现状，不断迎接新的挑战。

②Fairness——对任何事都保持绝对的公正

公平地给所有人提供机会，创造一个让多样化的人才都能够充分发挥自身才能的环境。

③Impression——独一无二的强烈的存在感

用坚持不懈的努力和敢于进行前所未有的挑战的行动力，来不断提高自身的存在价值。

④Team Spirit——为全体奋斗的团队精神

让团队合作和一体化经营更加坚固，实现进一步的发展与成长。

其中最值得重视的就是Aspiration——敢于不断迎接新挑战的理想。

我在第二章中也提到过，从1995年创业至今，在这二十多年间，我的人生就是不断重复着挑战与失败的过程。

比如我为了提高员工的稳定率而挑战在派遣公司中率先雇佣正式员工，结果遭到一家客户企业的解约，使许多正式员工失去了工作的场所。

虽然当时我为了解决这个问题吃了不少苦头，但正因为有了这样的经历，我才认识到“必须增加客户的数量”，然后通过脚踏实地的推广增加了客户的数量，从而能够顺利地雇佣正式员工。也就是说，正因为经历了失败才能够实现成长。

经常面对高风险的挑战，使我逐渐习惯了背负风险，从而敢于迎接更大的挑战。另外，背负巨大的风险，反而会降低失败的概率。我用自己的亲身体验证明了：只要坚持“训练”，就一定能够承担起巨大的风险。

我曾经有一段时期，个人背负着高达37亿日元的债务，虽然身陷随时都有可能个人破产的危机，但我却通过对自己的人生进行负债经营，获得了许多在普通情况下绝对难以获得的经验。而且只有在失败的时候才会发现，那些原本以为是朋友的人其实是敌人，那些原本以为是敌人的人其实是朋友。

根据这些经验我得出了一个结论，那就是“人只有不断接受挑战和经历失败才能够得到成长”。

所以，如果员工敢于面对挑战却失败的话，我都会尽可能地原谅他们。

甚至在看到那些“没有失败”的人时，我反而有些担心。如果有人说“到目前为止，我的人生从来都没有失败过”，那么今后一旦他遇到失败的话会怎么样呢？会不会被彻底打垮一蹶不振呢？

神田先生说过的一句话给我留下了非常深刻的印象。

“如果没有钱的话，你还有什么？”

我希望自己能够成为一个即便身无分文，仍然拥有丰富经验和广泛人际关系的人。为此我只能背负风险进行挑战。现在我更加深刻地感受到了这一点。

◎ 我为什么要挑战“珠穆朗玛”？

虽然“要想实现责任和愿景，敢于挑战非常重要”，但如果我自己不进行任何挑战的话，就没有资格去要求员工们“敢于挑战”。

我在十几岁的时候因为遭遇交通事故而经历了生死一线的考验，从那以后我就秉持着“希望能够在临终之际回顾自己的人生之时会有一些难忘的回忆”的价值观，在面临人生的选择时总是会选择那些充满挑战的道路。

最近的一次挑战，就是攀登珠穆朗玛峰。

2011年的时候，我与五十名干部社员一起攀登了富士山。在那之前我从来没有尝试过登山。坦白地说，我甚至认为登山是“像老人散步一样的休闲活动”。当我提出“成为日本第一的派遣公司”这一目标的时候，因为提起日本首先想到的就是富士山，所以一时兴起就做出了“攀登富士山”的决定。

但实际登山的时候可真是一点也不轻松。不过当所有人都登上富士山之后的成就感也非同一般，后来整整一年大家在上班和一起喝酒的时候都时常谈起关于富士山的话题。经历了这件事之后，我对登山产生了浓厚的兴趣。

就在这个时候，我遇到了登山家竹内洋岳。起因是我在一个名为*Number*的杂志上看到了关于竹内先生的文章而深受感动。攀登海拔8000米以上的山峰是对人类极限的一种挑战，每一位登山者都会遇到因为缺氧而恶心呕吐、头痛、不停地咳嗽甚至咳出血来，脚部被冻伤等各种各样的苦难。即便如此，竹内先生却说：“不管是疼痛也好，还是难受也罢，都无法成为阻止我登山的理由。想要实现的目标不会受任何因素的影响。”

不管历经怎样的磨难，都要实现自己心中的目标。我被这种强烈的意志所打动，给他写了一封信，并且非常幸运地和他见了面。当时他一边将冰镐递到我手里一边对我说：

“只要有冰镐、冰爪和绳索这三样东西，就能登上全世界任何山峰。”

“我也能登上珠穆朗玛峰吗？”

我问道。

“能。让我们一起登上去吧！”

他这样回答道。

就这样，我下定决心向珠穆朗玛峰发起挑战。

从2013年开始我就制定了挑战珠穆朗玛峰的具体时间表，我用了大约两年的时间攀登全世界8座山峰。从西欧的最高峰勃朗峰开始，非洲最高峰乞力马扎罗山、高达8163米的马纳斯卢峰以及南美洲最高峰阿空加瓜山等全都被我成功登顶。我的部下们在我缺席的几个月时间里仍然将公司打理得井井有条，实在是让我感激不尽。

2015年，我终于做好了挑战珠穆朗玛峰的准备。

但是，最终的结果却是没能成功登顶。

我先在珠峰大本营适应了两个月的高原反应，就在我终于调整好一切状态正式开始登山的时候，尼泊尔遭遇了大地震，我在6400米处逗留时被中国政府勒令下山。

但是我并没有放弃。我在适应高原反应的那两个月时间里，每天都眺望着珠穆朗玛峰的山顶，不断地思考着登顶的路程。珠穆朗玛峰的形状已经深深地烙印在我的脑海之中，总有一天我要成功登顶。

在我公司的官网上就有关于我挑战过程的记录，这也是为了激发员工们的挑战精神。

在公司规模还很小的时候，我可以每天都和员工面对面地强调“挑战意识的重要性”，但随着公司的规模越来越大，我无法和每一名员工面对面地进行沟通。为了向尽可能多的员工传递挑战意识的重要性，我认为像挑战攀登珠穆朗玛峰这样的壮举具有非常好的效果。

不过，近年来我的想法也有了一些转变。

大约十年前，我不断地对员工强调“成长”与“挑战”，并且坚信所有的员工都渴望成长与挑战，但人事部的一位女性员工却对我说：“我认为想要成长和挑战的人并不像你想象的那么多。”

这句话简直就相当于给我当头一棒。我深切地感觉到不能只用自己的价值观来对别人进行判断。

从那以后，我开始认为只有“挑战”才是人生中必不可少的重要组成部分。除了看得见的挑战之外，还应该根据每个人自身的特点和条件安排不同形式的挑战，同时我还思考了公司内部的体制和人才培养的计划。当然，“挑战非常重要”这个我一直坚守的价值观，直到现在也没有发生任何的改变。

◎ 将社长降职的意外理由

除了上述四个价值观之外，我对员工还有一个要求，那就是“效率”。

如今事业环境的变化可以说令人眼花缭乱，如果不能有效率地进行工作，就会被时代所淘汰。以尽快完成工作为目标，哪怕在体制还不健全的情况下也敢于大胆地开展工作，这才是最重要的。

当然，这样做或许会增加失败的几率，但失败并不可怕。如果因为害怕失败而导致错失良机，这才是更加严重的问题。

我用一个事例来说明我们公司是多么重视效率。

大概几年前的一个早晨，我对旗下事业公司的社长说："我今天想开个会，你有时间吗？"

他的回答是："我上午9点到11点也有会议，在那之后可以吗？"

或许有人会觉得我的做法太独裁了，但听到这句话后我立刻决定将他从社长的位置上换下去。

为什么呢？

因为他说"要开两个小时的会议"。

会议的目的是做决定，如果能用三十分钟做出决定，那么会议就应该在三十分钟内结束，如果能用一分钟做出决定，那么会议就应该一分钟内结束。尽快结束会议，可以把时间用在更有意义的地方。

可是他却完全没有意识到这一点，而要进行两个小时的会议。

“作出决定之后立刻结束会议”和“进行两个小时的会议”，在态度上是完全不同的。前者的情况下，需要事先思考自己的结论，从一开始就提出“我是这样想的，大家认为怎么样”，而后者的情况下，因为“必然会消耗两个小时的时间”，所以工作的效率完全不同。

顺带一提，我最近把公司内“××委员会”之类的组织全都废除了。或许是我有点咬文嚼字，但“××委员会”究竟是做决定的机构还是咨询机构呢，我实在搞不清楚它的定位。除此之外，还因为它经常进行一些没有结果且毫无意义的争论。

◎ 让部下成长的方法——让他们知道“我很生气”

在部下勇敢地进行挑战但却遭遇失败的时候，我并不会斥责他们，但如果他们重复同样的失败、或者经常粗心大意，在工作态度上出现问题的话，我则会非常严厉地对他们进行批评。我发火的时候是我真的生气了。

但我最近发现，越来越多的部下意识不到我在发火这一事实。按理说如果经常接触的人脸色变得难看起来，应该会知道这是在发火才对，可有时候就算我已经表现得非常明显却仍然有人意识不到。特别是当我与多个部下交流的时候，这种现象尤为明显。

通过一个人的表情和动作以及说话的语气来分析出这个人的感情，是必须掌握的重要商业技能之一。

所以我在与部下交流的时候都会特意将自己的感情变化用语言直接表达出来。

“现在我很生气。”

“我现在非常生气。”

为什么我的部下意识不到我生气的事实和我生气的原因呢？

没经历过这种情况的人恐怕很难想象。比如我拜托一个部下在明天之前帮我调查某件事情，结果他却忘记了。那么这会给身为社长的我带来多大的困扰，部下完全无法准确地理解我内心之中的感受。不管我如何对他们说明我之所以会如此生气的原因，他们也无法理解。

既然如此，只对他们说明我现在的感受，他们理解的反而更快一些。只要我告诉他们说“结果，我现在非常生气”，就可以让部下知道“自己做了非常糟糕的事情”。当他们认识到这一点，就会开始思考

“为什么社长这么生气呢”。

在前文中我曾经多次提到过能够领导多样化人才的制作人与管理者的重要性，而要想成为这样的管理者，就必须能够准确地传达出自己的感情。日本人从小就生活在崇尚“不言自明、察言观色”的文化环境之中，所以并不擅长准确地传达出自己的感情，但这样很难让拥有不同价值观的人理解自己。我认为与其等待别人来理解自己，不如主动出击，准确地传达出自己的感情更好。

◎ 只在一家公司工作过的人为什么不行?

虽然我希望“不管什么样的人UT集团都能把他培养成人才”，但现实可没有那么简单。毕竟并不是所有的人都渴望成长。

就像我在一开头提到过的那个总经理的例子一样，我们公司从来都不看学历。我自己就是从大学半路退学，而且从员工身上也看不出任何学历造成的差距。

那么，造成差距的原因何在呢。

我在面试跳槽过来的员工时，会着重检查以下三个要素：

①责任——来我们公司的目的是什么。

②职历——在此之前都从事过哪些工作。

③发展——发展空间。如果之前年收入1000万日元，那么来我们公司能不能成为年收入2000万日元的人。

在对这些情况进行判断的时候，我一定会问的就是“成功经历”。

“你在之前的工作之中最成功的事情是什么？”通过询问这个问题，可以得知应聘者会采取怎样的方法来解决问题。另外从一个人对自己取得成功的过程中遇到过怎样的苦恼与喜悦的描述，还可以看出这个人的人品和价值观，从而判断出他是否适合在我们公司工作以及是否还有进一步的成长空间。

反之，询问失败经历也可以在了解一个人的时候作为参考。

不管成功也好，失败也罢，最关键的问题在于是否自己主动进行过尝试。没有主动尝试经验的人，今后也很有可能缺乏主动性，这样的人很难得到成长。

另外，询问一个人的责任意识，不但能够了解到他的发展空间，还可以了解他是否有潜在的风险。

也就是说，可以了解这个人会不会在遇到危机的时候临阵脱逃。

如果直接询问“你会不会在遇到危机的时候选择逃避”，恐怕得不到真实的答案。但在与对方交流的过程中，你能够了解到他是不是一个会临阵脱逃的人。关键在于“开朗”。一个性格开朗的人即便身陷危机也会尽可能地想办法，而一个性格阴郁的人则会陷入负面的思考之中而选择逃避。

另外，之前只在同一家公司里工作过很长时间的人，在来到我们公司之后往往表现不佳。在我们公司工作会被派遣到许多不同的职场之中，每个职场的交流方法各不相同，而且随着工作项目的变化，一起合作的同事也会随之改变，他们似乎难以适应这种情况。

用一句话来概括，就是“缺乏应对变化的能力”。

我认为今后是“一部分制作人带领公司内外的专业人士们展开工作的时代”。面对多样化的团队成员和完全不同的工作环境，有没有迅速适应的能力，将会是决定一个人能否生存下去的关键。

◎ 从“脚气事件”看员工与公司成长的关键

我认为职场环境对员工和公司的成长也有很大的影响。在井然有序的环境之中工作，可以让人更加认真仔细，提高工作的精度，而在一个散漫的环境之中工作，则会让人在不知不觉中对待工作的态度也散漫起来。

要想整顿职场环境，即便是细小的规则也必须彻底遵守。通过不断完善规则，来创造公司的风气和环境。

比如我们公司，虽然没有明文规定，但在公司内部是不允许穿拖鞋和凉鞋的。记得有本书上说过“穿拖鞋的公司不会成长”，我对此深有同感。

虽然我没有明确地说过“不许穿”，但现在公司上下都遵守着这一规则，而事情的起因则是在员工之间非常有名的“脚气事件”。

那是很久以前的事情了。我对一名穿着凉鞋来上班的经理说“穿凉鞋上班太不雅观，请换成皮鞋”。或许他对遭到我的批评感到不愉快吧，于是开始找借口说“我有很严重的脚气，不能穿皮鞋”。而我则很干脆地告诉他“那你回家先把脚气治好吧”，直接将他开除了。

或许有人会觉得我这是小题大做，但我现在回忆起来却认为自己当时做的很对。与其说这是上班时不能穿拖鞋和凉鞋的问题，不如说是在上司提出公司规则的时候不虚心接受的问题，如果有一人破例，那么公司内部的风气就会越来越乱。

◎ 为什么要彻底地公开信息?

为了公司和员工的成长，我认为还有一点非常重要，那就是“将与公司相关的信息尽可能地公开”。

现在已经成为总经理的小野，在他还是一名普通员工的时候，他的顶头上司就给他看过公司的财务报表，告诉他现在公司究竟处于一个怎样的状况。这并不是一个特例，我们公司会尽可能地向员工提供与公司相关的情报。在上市之前，我们就对员工公开资产负债表和盈亏计算书等公司的财务报表，并且进行详细说明。

另外，我们还会详细地给员工讲解“虽然我们创造了这些利润，但因为花费了这些成本，剩下的只有这些”“所以年终给大家的奖金就是这么多。因为我们只赚了这么多，就只能给大家这么多”。也就是说，我们不只告诉员工结果，还会告诉他们公司为什么会做出这样的决定，将做出决定的整个过程都非常仔细地加以说明。

我为什么要公开经营层的信息呢？理由有两点。

第一，为了让员工也能够拥有经营者的视角。如果员工能够了解公司的财务数据，那么他们自然就会意识到销售额、利润与成本之间的关系。这样一来员工就会从经营者的角度来思考问题“为了增加利润，我现在的工作应该怎么展开才好”，从而使他们更有目的性地去工作。

第二，毫无保留地完全公开情报，可以获得员工的信任。如果以社长为首的经营层总是好像在偷偷摸摸搞些什么，那么不管嘴上说得多么漂亮也无法赢得员工的信任。所以，我会尽可能地将公司的数据透明化，我在与员工交流的时候也会非常坦白地说出自己内心的想法。

在信息爆炸而且真假难辨的当今社会，坚持做一个值得信赖的企业，是能够决定公司和员工成长的重要因素。

| 第五章 |

Connecting Intelligence的时代

——神田昌典

◎ 未来选择的人所拥有的3种勇气

在“公司”消亡的时代，什么样的人才能够实现飞跃呢？

我在与若山社长交流的过程中一直在寻求这个问题的答案。最终我们得出了一个结论，那就是以下3种勇气最为关键。

敢于应对急剧变化的技术环境，迈向未知领域的勇气。

即便身陷黑暗之中也仍然对未来充满希望，独自一人也敢于发出声音的勇气。

找出与自己的愿景拥有共鸣的组织，并且与这个组织共同成长的勇气。

拥有这3种勇气的人，就一定能够在未来得到飞跃性的发展和进步。

用一句话概括就是“敢于冲进黑暗之中，凭借自己的力量找出光明，发出声音，找到同伴，创建新世界的勇气”。

技术的突飞猛进彻底地改写了人类的未来，而我们恰好就生在这样的一个时代，要想在未来不被淘汰，我们必须将自己破坏、重组，涅槃重生。届时，最重要的因素是什么？你的学历？你的官职？你的业绩？都不是，最重要的因素是敢于拼搏的勇气。

如果我现在鼓励你“拿出勇气”，或许真的会稍微让你提起干劲。

但当你读完这本书，十分钟后接到公司打来的电话，面对剪不断理还乱的现实与矛盾，很快你又会再次陷入消沉之中。

因此，在第五章中，我将告诉大家时刻保持这3种勇气，在未来社会的竞争中生存下来的秘诀。

而最关键的力量，就是在第一章之中曾经提到过的“Connecting Intelligence（CI）”。

◎ 什么是Connecting Intelligence?

让你能够在勇气枯竭的时候仍然能够再次崛起的力量源泉，就是“Connecting Intelligence（CI）”。如果用一句话来概括就是“消除内外的偏差，使内外时刻保持一致的智慧”。

日本有一句古话叫做知行合一，知（内）=行（外）的态度，自古以来就是备受推崇和尊重的，将日常的一切都信息化、让分隔内与外的墙壁透明化，在今后的时代，拥有消除内外偏差能力的人和组织，将会产生出惊人的影响力。

拥有CI的个人可以深入挖掘内在的思考，发现自身的本质，并且通过将这种本质向外界表现来获得永不动摇的决心。这种决心可以使人在遇到无法预知的状况时也不会放弃，成为其战胜困难的力量源泉。

CI同时也是组织必不可少的要素。通过将内在的思考与外在的行动统一起来，可以将收益性与社会性直接联系到一起，增强组织的品牌力。

这个问题或许理解起来并不是很容易，接下来我将进行更加详细的说明。

◎ 消除内外偏差的“营销金字塔”

以组织为例，可以让我们更好地理解消除内外偏差的重要性。所以在对个人进行分析之前，让我们稍微了解一下关于组织的内容。

拥有CI的组织，能够将内在的思考与外在的行动统一起来，从而使经济效益与社会效益直接地联系到一起。简单说，就是能够一边赚钱一边为社会做出贡献。这样的话，组织的品牌力当然会变得更强。

那么，什么是“内在思考与外在行动的统一”呢？简单说就是，组织按照自己提出的愿景和目标来展开行动。

在网络社会之中，公司的一举一动都是非常透明的，所以要想彻底消除内外的偏差非常困难。但只要能够做到这一点，组织就会拥有非常强大的影响力。

既然如此，应该怎么做才能够彻底消除偏差呢？

为了从营销的观点上消除掉组织的偏差，我开发了一个“营销金字塔”。

这个金字塔由以下三点组成：

①商业模式（自己公司的视角）

②传达给顾客的信息（顾客的视角）

③对地区社会的影响力（全球的视角）

关键在于这三点是否具有一致性。

比如传达给顾客的信息是“给大家带来健康的食品和生活”，但是商业模式却是“排泄大量的污水和垃圾，在生产商品的同时给当地环境造成污染”，这就完全无法使人信服。如果对地区社会的承诺是“为当地经济做出贡献”，而实际上采用的商业模式却是“压榨当地廉价的劳动力”“不从当地企业购买原料”，这也是非常矛盾的。

■ 修正事业偏差的“营销金字塔”

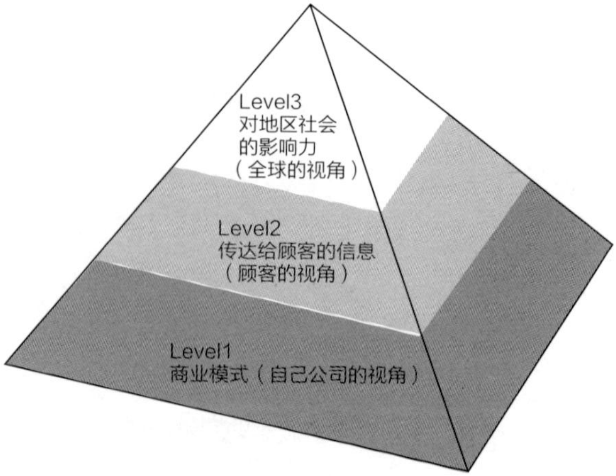

这样的企业，不但无法将自己的品牌推广出去，更会失去顾客的信任。

但是，如果上述三点能够保持一致，那企业就会成为“内与外、理念与行动完全一致，没有矛盾和谎言的公司”，不管在顾客心中还是在当地都拥有非常强大的影响力。

要想对营销金字塔进行更加详细的说明，就不得不涉及另外一本书，所以请允许我对这本书进行一下简单的介绍，感兴趣的读者可以在以下网址免费下载这本书的概要（http://www.kandamasanori.com/CAN/paso/）。

“商业模式”“传达给顾客的信息”“对地区社会的影响力”可以看做和菲利普·科特勒先生的“营销3.0”相同，或许这样更容易理解。

营销1.0追求自己公司的利益最大化，以自己公司的成长为目标，可以称之为“自己公司的视角”，营销2.0则追求顾客满意度最大化，属于“顾客的视角”，而营销3.0则意味着以追求地区和社会满意度的“全球视角”来进行营销。

现在的企业，如果不能够从上述所有的视角出发来进行营销，就无法获得顾客的支持。商场如战场，只要消除竞争对手就万事大吉的时代早就一去不复返了。现在企业不但要让顾客得到满足，还必须让地区社会也得到满足，只有这样才能够获得足够的支持。

实现“商业模式”“传达给顾客的信息”“对地区社会的影响力”三点的一致性，成功地将经济效益与社会效益直接联系起来的代表性企业就是苹果。从现阶段来看，史蒂夫·乔布斯“通过科技改变人们的生活”这一愿景（传达给顾客的信息）和他所推出的商品（商业模式）是完全一致的。

不只商品，在对社会的贡献方面，苹果也没有任何的矛盾和偏差。苹果在CSR（Corporate-Social-Responsibility：企业社会责任）中提出“我们不是要减轻全球气候变暖的问题，而是要彻底解决这个问题”，苹果简约的商品设计和简单的商品包装都是坚持这一点的完美体现。

虽然苹果将iPhone等商品的制造工作委托给鸿海精密工业等外部企业，但苹果在对这些企业的管理体制上一定也能够反映出自己“传达给顾客的信息”的理念。正因为消除了矛盾和偏差，所以苹果才能够将经济效益与社会效益的直接联系起来，成为全世界市值最大的公司。

另外，美国的服饰生产商巴塔哥尼亚，也通过保持内外的一致性成功地将经济效益与社会效益直接联系起来。

“Don’t Buy This Jacket（不要买这件夹克）”。

巴塔哥尼亚在报纸广告上将这句话与自己生产的夹克放在一起。

为什么巴塔哥尼亚不让消费者购买自己的商品？

因为他们的企业理念是“以商业为手段，敲响环境危机的警钟，并且尝试解决环境问题”。从事商业活动，当然要销售自己的商品，但巴塔哥尼亚认为那些只要稍加修补就完全能够继续穿着的服装绝对不应该扔掉。所以，他们才通过广告向顾客传达这样一种信息。

或许这样的广告会使其失去眼前的利益，然而巴塔哥尼亚却赢得了与他们的理念有共鸣的消费者的大力支持。

像这样拥有一致性的组织，不但能够获得顾客的支持，还会得到员工的支持。员工会为了实现自己和公司的愿景更加高效地工作。结果就是使企业获得强大的品牌力，实现经济效益与社会效益的共存。

◎ 统一的设计可以使购买率上升39.1%

消除“商业模式”“传达给顾客的信息”“对地区社会的影响力”的偏差，保持一致性，可以使企业获得强大的品牌力，关于这一点相信大家已经很清楚了，但实际上哪怕只是消除一些很细微的偏差，也可以极大地提高组织的业绩。

以网页上的广告条为例。如果用户点击广告条就会跳转到商品页面，但只需要一个小小的改变，可以将用户从商品页面进入购买页面并且成功购买的几率提高39.1%。

这个“小小的改变”，就是“将网页广告条和商品页面的设计与语言风格保持一致”。换个角度来看，统一的风格可以使商品顺利地销售出去，而不统一的风格则会使销量明显下降。

大家有没有遇到过在点击广告条之后，跳转到一个风格完全不同的商品页面的情况呢？比如广告条非常简洁明快，但商品页面却是十分阴暗的氛围，肯定会让人感到奇怪吧。就算不会感到奇怪，恐怕也会因为“与自己想象中的商品不同”而直接关掉页面。

要问我们为什么会对这种差异如此的敏感，我觉得原因就在于互联网的出现极大地增加了信息量。

回想一下在信息量很少的时代，人们只能凭借传单之类的宣传方式来寻找店铺，就算传单的设计风格与店铺的设计风格不一致，一般情况下消费者也会选择在这家店铺购物或者就餐。另外，就算店员在接待顾客时候的态度不像传单上宣传得那么热情，一般人也不会太在意。总之，就是对这些问题不是很敏感。

但现在只要通过互联网搜索一下就可以获得大量的信息，所以绝大多数的人都养成了从尽可能多的信息之中对店铺、商品以及服务进行判断的习惯。

所以，从最初看到的传单的设计到店铺的设计，或者网页广告条和商品页面的设计，到广告宣传语、商品说明，甚至商品送来时外包装纸箱的设计、店员的接待方式和电话客服……所有这些哪怕有一点不一致，都会让顾客敏感地感觉到企业的矛盾点和缺乏一致性。

也就是说，顾客对这样的店铺和企业会产生出“究竟哪一个是真的？”“是不是在撒谎？”之类的不信任感。

只是“稍微感到有些不对劲”还算好的，要是让顾客产生出“实物看起来比商品图差很多”“传单上说得挺好，结果店员的态度真恶劣”之类不愉快的感受，那可能会被曝光到网络上，这些负面的消息很快就会流传开来。

但只要能够保持一致性，就可以使顾客对店铺和企业产生安心感。而且，由于这种特点非常明显，很容易被顾客记住，所以就算顾客当时没买，但以后有需要的时候肯定会首先想到“去那家店买吧”。

可以说在当今时代，商品设计、官方网页、广告等一切要素是否保持一致将会对公司的业绩造成极大的影响。

◎ 肖像照使销售额提高到三倍的时代

要想让公司和服务保持一致性绝非易事，但却有一个相对简单的做法。那就是保持“One Word Equity”意识。

这是曾经出版过《驱动力3.0》等全美国畅销书的丹尼尔·平克在2013年和我一起举办演讲的时候提出的观点。准确地说，他当时的说法是“今后是One Word Equity的时代”。

所谓“One Word Equity”就是“能够表现你的资产（才能）的一个词”。

身处在这样一个信息爆炸的时代，人们习惯迅速地对接收到的信息进行判断。那些无法迅速做出判断的信息则很容易被忽视掉。因此，你必须用一个具有象征性的词来表现自己公司的特征。

比如提起“检索”就是“谷歌”，提起“创新”就是“苹果”，提起“咖啡”就是“星巴克”。

对个人来说也一样。比如奥巴马总统就是“希望”。而迈克尔·杰克逊则是“颤栗”。

我也思考了一下适合自己的“One Word Equity”，最后想到的词是“实践”。当决定了这个词之后，为了使其贯彻下去，我将办公室改名为“实践中心”，将前来接受培训的学员称为“实践促进专家”。总之，就是在尽可能多的地方使用这个词。

形象也同样需要集中于一点。营销大师阿尔·里斯提出了“视觉锤”的概念，就是将视觉形象集中于一点，然后不断地传达这个形象，就好像用锤子将钉子深深地钉进去一样，让形象深深地烙印在消费者的头脑之中。

最著名的事例就是可口可乐。曾经可口可乐有过许多形象设计，但现在就连听装可乐用的都是最传统的形象设计，并且适用于全球范围。传统的可乐形象设计恐怕是这个世界上知名度最高的形象了吧。

另外，美国家庭人寿保险公司（AFLAC）也是视觉锤的绝佳例子。在美国家庭人寿保险公司的吉祥物“AFLAC鸭”诞生之前，世人对其的认知度只有12%，但是在AFLAC鸭诞生并且在电视广告和宣传手册等媒体上登场之后，短短几年之间美国家庭人寿保险公司的认知度就提高到了90%以上。不只认知度，公司的业绩也得到了极大的增长。

受此影响，我开始思考“自己公司的视觉锤在哪里”，最后得出的结论是“因为公司很小，所以就用‘自己的肖像照’吧”。于是，我最近开始在网页广告之类的地方积极地使用自己的肖像照进行宣传（为了保持形象的一致性，我连发型都不敢换了……）。不过这样做似乎很有效果，自从我用自己的肖像照做宣传之后，广告效果大概提高到了之前的三倍。

集中在一个词和形象上的做法对个人也很有效果。请用一个词来对你的简历和特征做个总结吧。这样一来，你的强项和长处一定会非常明显地表现出来。

◎ 激发勇气的“3个联系”

看完上述内容之后，想必大家对于消除偏差、保持一致性，也就是通过Connecting Intelligence能够获得多么强大的力量有了非常深刻的认识。

对于个人来说，只要消除偏差，就能够获得在未来生存下去的勇气。重复一下也就是——

敢于应对急剧变化的技术环境，迈向未知领域的勇气。

即便身陷黑暗之中也仍然对未来充满希望，独自一人也敢于发出声音的勇气。

找出与自己的愿景拥有共鸣的组织，并且与这个组织共同成长的勇气。

用一句话概括就是“敢于冲进黑暗之中，凭借自己的力量找出光明，发出声音，找到同伴，创建新世界的勇气”。要想做到这一点，究竟需要消除哪些偏差呢？

那就是接下来我将为大家介绍的"3个联系"。

这是开发出影像阅读（PhotoReading）的保罗·席利博士总结出来的最容易引发个人矛盾与偏差的要素，包括以下3点。

①思考与感情

②个人与社会

■ 3个联系

基于保罗·席利博士的研究成果制作

③意图与行动（行为）

首先是“思考与感情”，“思考”指的是理论思考等理性的思考，而“感情”指的则是个人直观的感受等感性的感情。也可以称之为“场面话与真心话”。

在工作的过程中，思考与感情经常会发生冲突。比如面对眼前的工作，虽然理论上来说必须完成，但感情上却非常不愿意去做。或许只是因为提不起兴趣，也可能是认为“这份工作毫无意义”。另外，用理性的思考压抑怒火，但感性的感情却非常狂躁的情况也时有发生。

不管怎样，如果针对理性的思考产生负面的感情，那么一定会产生出某种偏差。比如无法欺骗自己感情的员工主动举报“这家公司表面上说将顾客放在第一位，但实际上却回收再利用过期食品”就是最典型的表现。

第二个“个人与社会”也可以说是“个人与组织”。

员工的发展方向与所属组织的发展方向，以及员工要做的事情与所属组织要做的事情是否一致。

如果这个联系出现偏差，员工就无法全身心地投入到工作之中。甚至开始考虑“一直在这家公司做下去也没什么前途”或者“不做正式员工，做个合同工或者派遣员工算了”。因为只要不是正式员工就不需要完全认同组织的愿景。

第三个“意图与行动（行为）”，指的是组织与领导的意图与实际的行动。组织的经营层提出“创建理想的世界”“为人类的发展做出贡献”之类的理念、愿景或者行动原则，但落实到现场的时候却因为“只是理想主义罢了，那样做根本无法创造利益”等理由，做出与愿景和行动原则相违背的行为。这种情况不仅会出现在现场员工的身上，就连提出愿景的经营层自身也经常出现。

只要能够时刻提醒自己注意保持以上三点的一致性，就可以产生出积极向上的心态，毫不犹豫地开展行动。

◎ 如何找到自己感兴趣的工作?

当你尝试使上述3个联系一致的时候会意识到一件事。那就是为了保持一致，与其等待别人改变，不如首先改变自己的想法更有效率。

首先是让“思考与感情”一致。请思考一下：你对现在的工作是否抱有激情？如果“没有激情”的话，当然可以选择换一个工作，但我认为在那之前应该努力改变对现在工作的“看法”。因为就算你去寻找“让自己充满激情的工作”，其实根本就找不到。不管是让无聊的工作变得有趣，还是让有趣的工作变得无聊，关键都在于我们的一念之间。

最好的例子就是LifeNet人寿保险的岩濑大辅社长曾经说过的一件事。他拜托来实习的大学生将名片整理成数据，结果对方却说“我来实习不是为了做这种事”，然后就辞职了。

这真是非常遗憾。因为这位来实习的大学生失去了了解社长人际关系的宝贵机会。通过名片可以看出社长每天都和什么样的人接触，从而了解到社长平时都是如何展开工作。

另外，如果对名片上的公司进行调查的话，还可以开阔视野发现“原来世界上还有这样的商业活动”，将这些公司的事业与自己公司的事业进行组合，或许会产生出相乘效果，形成新的企划。

将无聊的工作变得有趣的并不是公司，而是我们自己。而且在现实之中，根本就没有什么有趣的工作，我们只能想办法将无聊的工作变得有趣。这不但是让你成为工作达人的秘诀，同时也是消除内心偏差的唯一办法。

回顾之前的工作经历，我一直都在思考“如何让眼前的工作变得有趣起来”。

比如我在外务省工作的时候，经常有人拜托我去取复印件，我从来都很痛快地答应下来。因为这是了解机密文件的绝佳机会。在拿到复印件之后我都会先看一遍，别提有多刺激了。

我在三十多岁的时候，担任一家外资家电生产企业的日本法人代表，负责销售冰箱和洗衣机等家电产品，但坦白地说，那时候我想做管理顾问，甚至经常思考“为什么我要在这里卖冰箱”。

但是，我从这些产品“能够给女性创造一个更便捷的工作环境”的视角出发，对工作产生出积极的态度。而且因为我的父母都要上班，母亲既要工作又要操持家务非常辛苦，看到母亲辛勤的身影，我也产生出“希望能够让像我母亲一样的人更轻松一些”之类的想法。

像这样，任何工作都会变得非常有趣和有意义。

◎ 通过思考联系使自己敢于去开拓道路

如果你在公司里找到了自己更想做的事，完全可以大胆地将自己的想法提出来，告诉公司为了实现自己的梦想，希望能够让你去做自己想做的事。这也是让3个联系保持一致的方法之一。

如果你能够提出一个“不但具有社会效益，同时还可以取得一定经济效益，会给公司带来巨大好处”的提案，那么你就是一个非常了不起的制作人了。

就算公司告诉你“不要说那种梦话”，也不必感到失落和愤怒。

反之，你应该感谢公司，因为这是为了让你实现梦想的驱动力，然后你需要用更加缜密的逻辑来完成你的提案，等待能让这个项目水到渠成的时机。要相信只要是有价值的东西就一定能够得到肯定，你需要做的就是做好万全的准备等待这一刻的到来。到时候你就会发现，不需要与周围的人斗争，一切都会按照你想象的那样顺利发展。

我认为“在专门为自己准备好的舞台上表演”是最好的。实际上，我们所遇到的问题，不管是多么绝望的状况，最终都一定会得到顺利的解决。

但是，凡事都有例外。如果个人的梦想与公司的方向性在理论上存在差异，那还是趁早辞职比较好。具体来说，就是如果你个人的态度是“应该帮助有困难的人”，而公司进行的却是“对有困难的人趁火打劫”的商业活动，那就没必要忍耐下去。

大概是30年前的事情了吧，想必已经过了时效性，所以我也不怕说出来。我之所以从外务省辞职，就是因为外务省的做派与我个人的信条存在偏差。比如说我在非洲驻扎的时候发现黑人用的厕所和日本人员工用的厕所竟然是分开的。对于刚从美国回来不久的我来说，完全不能理解这种做法，于是我向上司提出了自己的意见，但却并没有被采纳。除此之外，我在前往非洲之前，因为“恐怕今生无缘再与高龄的祖母相见”，请求能够给我几天假期让我回一趟日本，但是却被拒绝了。

当个人的理想与愿望和公司的做法不一样的时候，就是鼓起勇气选择离开的最好时机。带着感恩的心，“感谢公司让我找到了自己真正应该走的道路”，从黑暗之中勇敢地走出来，你会发现前方有更大的可能性正在等待着你。

◎ 一切都从消除自己心中的偏差开始

每个人的内心之中都会有矛盾存在。但只要通过保罗・席利博士提出的“3个联系”客观地把握这些矛盾究竟存在于什么地方，然后消除偏差，就可以帮助你顺利地解决人际关系问题。

比如在工作之中有很多话很难说出口。为了不得罪人，或者为了让事情能够按照自己的计划顺利地进行下去，有些本应说出口的事情不得不三缄其口。但即便是如此精于计算的思考，矛盾最终还是会显现出来。

但是如果我们能够完美地消除内在的矛盾，就可以避免出现上述的情况。

比如，就算上司对你处处刁难，但只要你心想“这是天将降大任于斯人也”，那么你和上司之间的人际关系就会好转起来。

另外，当你不想和现在的客户继续合作下去的时候，最好的做法是“让意图与行为一致”开诚布公地和对方谈一谈，告诉他不继续合作的理由。

“为了今后双方都能有更好的发展，我有件事想和贵公司商量一下。非常感谢贵公司到目前为止与我们的合作，多亏了贵公司，使我们公司取得了长足的进步。目前我们公司成立了专门的部门，因此与贵公司之间的业务内容发生了一些变化，为了双方今后的关系能够得到更好的发展，我们希望能够与贵公司进行一次诚挚的交流。”

虽然是非常难以启齿的话，但只要诚实正直地告诉对方，或许刚好赶上一个绝佳的时机，对方也会告诉你“其实我们也正在考虑进行新的事业展开”，结果双方或许会发展出更进一步的关系。

像这样消除偏差之后，朝着相同愿景前进的组织网络会变得更加坚固，可以更效率地实现各种目标。只要消除自己内部的偏差，组织也会越来越强。我对此深有体会。

通过将自己的意图与行动一致，让感情与思考一致，就可以对自己的行为负责。而且，当你专心于消除自身的矛盾时，会引起与你拥有相同方向性的人的共鸣，从而使人才聚集到你的身边。在周围人的帮助和支持下，你必然会达成目标……这不就是一个良性循环吗？

我们心中的矛盾不只存在于工作之中。与朋友交往时、学习时、甚至在做自己感兴趣的事情时……矛盾潜藏在各种各样的事物之中。最好能够专心将这些矛盾也全都消除。到那个时候你就会发现人生会变得非常快乐。

所有的一切，都从消除自己内心之中的偏差开始。

◎ “善良的血汗工厂”

如果能够将3个联系都保持一致的人聚集到一起，组成一个没有矛盾和偏差的组织，那么这就将是一个最强大的组织。就像前文中介绍过的苹果和巴塔哥尼亚，但或许有人会对此心存疑惑，“苹果和巴塔哥尼亚都是特例，实际上根本没有处于那种理想状态的公司”。

确实，让公司和在其中工作的员工保持一个没有矛盾的状态绝非易事，但在日本的中小企业之中，就有这种理想状态的企业存在。

名为大里综合管理的一家位于千叶县的不动产公司就是其中之一。这是一家只有大约20名员工，年销售额4亿3000万日元的小公司，但因为经常登上《寒武纪宫殿》等电视节目，所以应该有人听说过吧。

这家公司以“和地区一起成长”“成为照亮地区的一束光芒”和“没有矛盾点”作为公司的理念，并且坚持实践。

具体来说，就是这家公司开展了280多个为地区做贡献的项目。员工4成的工作时间都用在了为地区做贡献的项目上。

而这家公司这样做的目的就是为了让“希望为社会做出贡

献”“希望为地区做出贡献”的员工个人的理想，与“公司为地区做出贡献”的公司理念相一致。

之所以会有280多个项目，是因为这家公司采取的是“只要想做就立即开始行动”的体制。野老真理子社长认为“很多人都有‘许可病’，认为只有在获得许可之后才能够开始行动，但实际上谁也没有取得许可的必要。只要认为这件事对社会来说是‘有必要的’，那就应该立即开始行动。然后根据行动的结果，再决定接下来做什么，以及最终应该达成什么样的目标”。

野老真理子社长所说的“不必获得许可”，不只是对于公司，对于行政等相关部门或人员也是一样。

比如当这家公司的员工在街头散步的时候，听到有人说“这个交通岗经常会发生事故”。那么这位员工就会立刻去百元店里买一个用来指挥交通的旗子，在没有获得任何人许可的情况下，开始对交通进行指挥。

另外，如果这家公司的员工希望城镇变得更加漂亮，在没有获得任何许可的情况下也会在道路两旁的绿化带里种植鲜花。就算政府的人以“这里不允许种花”为理由将种下去的花都铲掉，员工也会带着理解的态度“毕竟没有获得许可被铲掉也是没办法的事，只能重新种上”，在接受现实的同时再重新把花种上。再被铲掉就再种，反复几次之后，习惯了有鲜花状态的居民就会向政府部门反映“好不容易变得这么漂亮，为什么要铲掉呢”。而最终的结果就是种花这一事实得到许可。

这家公司在当地管理着8500处不动产，即便是杂草丛生的空地每年也要花费15000日元进行管理。因此在每年两次进行除草工作的时候，这家公司都会在空地上种植郁金香。当然郁金香的种植工作是委托给专业的园丁来进行，但当园丁询问“给多少报酬”的时候，得到的回答却是“对不起，我们仅是购买郁金香就花费了150万日元，所以能请您做一回志愿者吗”。

这样一来，那些闲置的土地就变得越来越漂亮。尽管土地的所有者并没有期待自己的空地会变成花园，但当看见开满鲜花的照片时还是会感到非常高兴。而志愿种植郁金香的园丁听说种下去的种子顺利地发芽开花之后也很开心，甚至对这份志愿工作也充满了热情。路过的人在看到这些美丽的花朵时心情也会变得非常舒畅，从而形成一种良性循环。

大理综合管理不仅在公司内部将渴望为地区做出贡献的想法付诸实践，还成功地将这一理念共享给客户和交易伙伴等周围所有的人。像这种从“商业模式”“传达给顾客的信息”到“对地区社会的影响力”完全没有矛盾的公司，不管规模如何，都会对地区社会造成非常大的影响力。会受到当地人民的喜爱也自不必说了。

当然，这家公司的员工们工作积极性也非常高。为了给社会做出更多的贡献，员工们不但会更加努力地工作，而且还对自己的工作充满了自豪感。这一切都归功于“思考与感情”“个人与公司”“意图与行动”三者的高度统一。由于员工们都非常拼命地工作，野老社长才将自己的公司称为“善良的血汗工厂”，但实际上员工们能够在工作和生活上找到一个平衡。

另外，大理综合管理还推出了一个名为“小规模商业活动”的项目，具体内容是让员工进行一个“每年能够创造1万日元利益的商业活动”的尝试。这一项目的关键在于，利益的目标不是1000万日元也不是100万日元，而是1万日元。每年创造1万日元利益的商业活动，可以说不费吹灰之力就能够实现。大理综合管理之所以这样做，一是为了通过大量的尝试来找出将来有成长潜力的新型商业机会，二是为了让员工体会到自己动手将想法变成现实的喜悦之情。

不必取得许可主动去做对社会有益的事也是如此，自己主动地去做一些事，可以使人获得极大的成长。可以说这些尝试，都发挥出了相当于一种教育平台的效果。

◎ UT集团之中存在矛盾吗？

UT集团也可以被称之为“没有矛盾的公司”。

正如若山社长在第四章中说过的那样，UT集团的责任是“用工作的力量使人充满活力”。给所有员工平等的挑战机会，提出更高的目标，让更多的人敢于进行挑战，让每个人都体会到成长的喜悦。这种充满活力的态度，不但能够满足顾客的期待，还是为日本的未来做出贡献的重要力量。UT集团在日本全国500家以上的工厂之中派遣超过1万名员工，为企业做出贡献的同时还培养出包括“Mild Yankee”在内的当地劳动力，也对地区的发展做出了巨大的贡献。

从若山社长的发言之中不难看出，UT集团不但“个人与公司”之间高度统一，就连“意图与行动（行为）”之间也完全没有矛盾。

比如因为有“想创建一个派遣员工也参与经营的公司”“想创建一个不问学历全看能力的公司”这样的想法，于是开始实行晋升制度，让派遣员工也能够成为经理和总经理。另外，因为“想创建让一个派遣员工成为最大股东的公司”，UT集团还导入了员工股东会、和在股价上涨的时候能够让员工也获得分配金的ESOP制度。这都是意图与行动完全一致的最好例证。

此外，若山社长还说自己会明确地告诉员工“我现在非常生气”，通过将“思考与感情”一致化，可以创造出一个让社长与员工之间更便于开放交流的环境。

UT集团之所以能够消除这些矛盾，与若山社长面对困难永不言败，对自己提出的愿景和原理原则决不妥协、坚持执行的做法是分不开的。像这样拥有顽强的精神力和执行力的领导被称为“抗压型领导”，可以说若山社长就是抗压型领导的典型代表。

因为领导充分地发挥自己的领导才能，创造出一个没有矛盾的环境，那些与领导愿景没有共鸣的中层干部就会自然被淘汰，只有与领导愿景高度一致的中层干部才能被保留下来。这些中层干部每天都会向基层员工们传达领导的意图以及公司的发展方向，从而使领导的愿景渗透到公司上上下下每一个角落。这样一来，不管雇佣的是应届毕业生还是跳槽来的员工，都是与公司愿景有共鸣的人。

如果组织里都是“思考与感情”“个人与公司”“意图与行动”相一致的员工，那么组织就会变得越来越强。

像若山社长这样没有矛盾的领导=拥有Connecting Intelligence的领导，可以消除3个联系的矛盾，从而创造出一个能够准确地处理信息的网络组织。

也就是说，完全没有“这不是和最初所说的意图完全不同吗”“这种事情从道理上就说不通”之类的沟通上的纠纷，信息的处理自然变得非常顺畅。结果就是不断地产生出高质量的信息，进行高质量的商业活动。

与此同时，员工也因为拥有明确的愿景，对日常工作没有任何的疑问，很容易将“思考与感情”“个人与公司”“意图与行动”保持一致。

在UT集团有一位叫小野的人，从时薪900日元的派遣员工成长为总经理，而消除这3个联系之间的偏差大概就是他成长的源动力吧。

当初他是因为“上两天休一天，可以有更多的时间去滑雪”才在新潟的工厂里上班，但随着自己的努力得到认可，他逐渐产生出“工作很有趣”的思考与感情。后来又因为“既然在一起工作，不如让大家都有个好心情，或许能取得更好的结果”的意图，开始采取邀请同事一起去滑雪的行动。就在这个过程中，“希望成为领导带领组织实现成长”的个人想法开始萌芽，因为与公司的方向性一致，所以他最终实现了成长……大概这就是小野思想变化的过程吧。

领导消除自身的偏差，创建出一个没有矛盾的组织，那么聚集到组织里的员工们自然也会消除偏差，描绘出自身的职业规划……尽管若山社长本人认为“还有很多问题有待解决”，但像UT集团这么大规模（拥有1万名员工）。矛盾又这么少的公司实在是非常少见。这正是UT集团的过人之处。

|第六章|

今后十年实现飞跃的条件

◎ 只要有场所和工具，任何人都能实现成长

神田：非常感谢这次您能接受邀请与我一同探讨“未来选择的人才”。将派遣员工作为正式员工雇佣，向他们展示职业规划；提供一个让员工能够从零开始掌握必要技能的培训体制，给员工进行挑战的机会，促进员工实现飞跃性的成长。UT集团作为人才派遣公司拥有许多非常先进的体制，这一点我早有耳闻，但这次和若山社长直接交流之后，让我有了更深的感触。

若山：哪里哪里，也是多亏了神田先生的邀请，让我有机会对公司的体制进行了整理，重新认识了自己。虽然我们的人才培训体制还在不断完善之中，但为了能够尽可能多地培养出充满活力进行工作的人才，我们一直在不断地进行尝试。我觉得这些尝试多多少少取得了一些效果。

神田：UT集团的过人之处就在于，能够让那些原本进取心不怎么强的人，以及那些认为“工作只不过是谋生手段”的人，都能够产生

出进取心。那些比起工作更关心怎么玩乐的人，不知不觉变成了比谁都热衷工作的人，这样的例子在UT集团里也是屡见不鲜了吧……我因为长年从事人才培训工作所以很清楚，那些原本就有进取心的人培养起来并不难。因为他们自己就会成长。

若山：确实如此，如果都是这样的人那就轻松多了。

神田：但是，要想改变那些没有进取心的人可没那么简单。UT集团正是因为创建出了这样一种体制，才会变得像今天这样强大。从时薪900日元的派遣员工变成总经理的小野就是代表人物，但他的成长肯定不是突变吧？

前几天我在UT集团的管理研修班上与经理们进行了一番交流，我发现他们原本都是在工厂工作的派遣员工，绝大多数学历都不高，大学毕业的人很少。而且他们并不是那种拼命想要往上爬的类型，基本都是住在老家，交往的也都是从小就认识的朋友，非常重视和家人在一起的时间，一辈子都不会离开故乡。绝大多数都是所谓的“Mild Yankee”吧。

我感觉像这种Mild Yankee类型的人，一般都会认为工作只是“谋生的手段”。但我和他们实际接触之后发现，这些人或许以前确实有这样的想法，但现在却对工作非常热心。而且他们的学习欲望非常强，工作态度也很积极。

若山：我认为要想激发员工的工作热情，需要具备几个要素。提供一个能够让员工看到光明未来的体制就是非常重要的要素之一。不问学历、任何人都可以成为总经理的体制，以及可以学习其他工作的基础技能进行职业转变的体制，这些都是其他派遣公司没有的特征。

神田：而且，这并非是无法实现的目标。看到光明的未来就在眼前触手可及，员工的工作积极性自然会提高。

若山：我认为更重要的是，让员工认识到了“学习的乐趣”。对于不喜欢在学校念书的人来说，并不知道学习的乐趣，所以这样的人会越来越讨厌学习。但即便是这样的人，通过在工作现场的学习掌握更多的技能、得到周围人的称赞，从获得微小的成功体验开始，使他们认识到学习的乐趣。越是之前缺乏学习机会的人，从中获得的喜悦也就越大。

神田：当我给这些经理们上课的时候，不禁想起我在中国的大学里讲课时的情景。与日本的学生都喜欢坐在后面不同，中国的学生都会提前来到教室，然后找靠近讲台的位置坐下。也就是说，他们拥有很强的进取心和学习欲望。我在UT的员工身上感觉到了和中国学生一样的态度。甚至有人在研修开始前一小时就已经到了。

若山：有这样的员工真是太好了。

神田：不过，他们的动力不只来自于进取心。我和那个提前一小时来的员工聊了聊，得知他的妻子马上就要生产。他说“妻子是第一次生产，但因为现在没有要生的迹象，所以先来参加研修，结束后就赶过去”，不过他在上课的过程中接到妻子打来的电话说“羊水破了”，于是半路就离开了。当时给我留下最深刻印象的是，一起参加研修的其他35人都纷纷给他鼓励。这让我十分感动。

若山：还有这种事？

神田：看到这情景我不禁想到，Mild Yankee非常重视故乡和家人，如果这些人拥有了进取心，那么他们在重视故乡和家人的同时，还会思考自己在公司里的作用，对工作也非常认真负责。我认为这是最理想的形态。

只要有场所和工具，任何人都能够发挥出自身的才能，不只在工作方面，在为人处世方面也同样能够得到极大的成长。

◎ 只能自己进行职业规划

神田：“公司为员工进行职业规划，并且准备好发展的道路”这个举措，虽然对派遣公司来说很少见，但对过去的日本企业来说是理所当然的事情。终身雇佣制和年功序列制给每个人都铺好了从入职到退休的道路，公司只需要按照这个路线来对员工进行培养即可。

更进一步说，这不仅关系到员工个人的成长，还关系到这个员工家庭的成长，是为了让一个家庭变得更加幸福的道路。让员工家属一起参加的运动会和公司旅行等，都属于让家庭与工作和公司共同成长的体制。

但是，为员工铺设好这条道路的公司已经越来越少了。自从泡沫经济崩溃之后，许多公司都不再成长，难以维持终身雇佣制，甚至不再为员工进行职业规划。

若山：现在就连大型企业都不得不放弃为员工进行职业规划。因为他们已经没有亲自培养技术人才的余力。但也正因为如此，像我们这样的公司才有存在的意义。

神田：公司之所以能够给员工铺好从入职到退休的发展道路，与国家整体的发展是离不开的。在整个国家都在不断发展的大环境下，就算公司业绩平平也一样能够得到发展。

若山：但不管怎样，企业对员工实行终身雇佣，帮助员工进行职业规划的时代已经过去了。

神田：对于企业来说倒是无所谓，但对个人来说却很麻烦吧。毕竟没有人再帮自己进行职业规划了。

若山：既然公司不能为自己进行职业规划，那就只能自己规划。

神田：必须自己来维持成长。必须一边思考自己的成长与家庭的成长和幸福，一边进行职业规划。

若山：必须自己进行职业规划，其实就是美国型的社会。以前我去美国的时候看到过一本《职业信息手册》。那是一个像电话本一样的小册子，上面写着每个职业的最低工资和未来发展，比如“半导体技师”年收入多少，未来发展两颗星之类的。在思考自己的职业规划时用这本书作为资料可以说非常通俗易懂，当时我还深深地感慨，日本与美国在职业规划方面存在着非常大的差距。

神田：因为美国本来就没有人帮你进行职业规划。能够自己进行职业规划的人，会思考从事什么样的工作能够提高自己，做什么工作可以使自己变得更加富裕，自己改变发展的道路，采取必要的行动。在美国，能够自己进行职业规划的人被称为“精英”，这样的人都会自掏腰包去参加学习班来提高自己的技能。大概将年收入的10%左右用来学习和提高自己吧。

若山：年收入500万日元的话就是每年50万日元，年收入1000万日元的话就是每年100万日元。不过他们知道与将来的回报相比，这只是很小的投入。

神田：不愿通过学习来提高自己，也不进行职业规划的人，一直都会在同样的职场、从事同样的工作、领取同样的薪水。等上了年纪之后被年轻人取代。也就是说，等到了无路可走的时候才发现自己根本就没有规划过发展的道路。

而结果就是，从社会的角度来看，精英与非精英之间的差距越来越大。美国社会之所以贫富差距这么大，这也是原因之一吧。

若山：日本也一样，或许今后贫富差距也会越来越大。

神田：但我觉得对日本人也不必太过于悲观和失望。希望通过学习来开拓自己职业道路的人的比例，日本人绝对比美国人高。不只精英群体，即便是普通人也愿意花钱来提高自己，而且在年龄层的分布上也十分广泛。我每年都会在全国进行巡回演讲，最近还有不少大学生和高中生参加。

若山：高中生？你的演讲是面向成年人的吧？

神田：是的。我上高中的时候从来没想过要花钱去听像我这样的大叔举办的演讲会。或许这是一个极端的例子，但我感觉喜欢学习的日本人确实越来越多了。只有一点遗憾的是，因为之前日本人都没有职业规划的习惯，所以现在还不太擅长自己进行职业规划。

若山：突然让大家都“承担起责任自己进行职业规划，自主学习”，确实有些太急躁了。国家似乎也认识到了这一点，2002年厚生劳动省提出了“大量培养职业顾问”的目标。

职业顾问的作用就是向员工提供职业建议，导入这一制度的企业以及培养职业顾问的企业都能够获得国家提供的补助金。另外今年（2016年）4月份职业顾问的国家资格考试也即将施行。

神田：在公司不为员工进行职业规划的今天，这么做确实很有必要。只不过是否能够顺利地展开则有待观察。

职业顾问必须在面试的时候以提问的形式总结出员工“是否对职

业有准确的认识和仔细的思考”“是否能够发现自己的资质”，并且制作出书面材料。但如果职业顾问的经验不足，那么这个过程就很容易变成职务提问和询问。

职业顾问应该在与员工交流的同时，以温柔的态度和发展的眼光来为员工提供帮助，要想在短期内想培养出这样的职业顾问绝非易事。

若山：我们UT集团对于管理团队的现场管理者非常重视，一般在工作现场都有小组长、工程管理者以及现场经理3种领导。他们会在工作中对员工进行关照，给员工提供意见和帮助。可以说，他们的投入程度决定了员工的成长程度。我曾经多次提到过的总经理小野，在还是一名普通员工的时候就得到过领导们的许多关照。比如拿公司的财务报表给他讲解，还教会了他许多知识。

神田：果然一个人的成长离不开周围人的帮助啊。要是这么说的话，除了个人的改变之外，公司给员工提供一个能够自己进行职业规划的环境也是非常重要的。为员工提供通往光明未来的道路，以及让员工能够自己进行职业规划的场所和技术，就是留给现在的公司的责任。

◎ 利用“FUTURE MAPPING”规划未来3年的发展

神田：在这种情况下，像UT集团这样的人才派遣公司不但提供了工作机会，还给派遣员工准备好了职业发展和技能提升的道路。我认为这种走在时代前列的尝试是非常有意义的。

若山：《派遣法》修正之后，派遣公司有责任和义务对派遣员工的职业发展提供帮助。另外，由于现在对派遣员工的工作技能要求越来越高，培训教育的必要性也随之显现出来，其他派遣公司最近也开始采取和我们一样的举措了。不过在出现这样的动向之前，我们公司就已经导入了对员工职业发展提供帮助的体制，所以也算是先人一步吧。

神田：人才派遣公司为派遣员工进行职业规划和培训教育，或许在今后的时代，与进入普通企业相比，进入派遣公司反而可以更快地提高自己。而且在派遣公司之中也会接连出现优秀的人才。

若山：如果我们的这种尝试能够给其他企业带来一些刺激，成为促使他们发展的动力那就再好不过了。

神田：只要有像UT集团这样展现出符合新时代人才开发模式的公司出现，接下来的发展就会很顺利了。毕竟大企业的领导层也开始不断地更新换代，而新上任的领导会非常认真地对企业进行改革。到那个时候，不管他们提出什么样的新战略，在沟通交流与人才开发上都会碰到瓶颈。而聚集起多种多样的人才并且实现了高速成长的UT集团的经验，对于消除这个瓶颈具有非常重要的参考价值。

若山：我们公司的每一名员工都拥有非常了不起的才能。但令人遗憾的是，能够让他们对自己的未来进行规划的机会太少了。为了让他们能够更高效地将工作与自己的人生规划联系起来，我打算接下来在全公司推广神田先生提出的“FUTURE MAPPING”。首先从新员工入职的时候开始实践，促使他们思考自己的人生规划。

比如22岁入职的话，25岁的时候会变成什么样，28岁的时候会变成什么样。不只工作，还包括什么时候结婚、想要生多少孩子之类的人生理想……让他们写出自己的人生规划。即便只是想象一下，这个人的世界观和生活态度都会发生巨大的转变。ServiceMaster公司的保洁员之所以会把卫生打扫得干干净净，就是因为他们拥有公司的股票，对自己的未来有清晰的想象。

同时我还希望能够根据员工自己的人生规划，为他们的职业发展提出建议。比如“这样工作下去无法实现目标的年收入”或者“专家和经理，你想成为哪一个”之类的。

神田：这样做确实不错。最近公立学校也开始使用“FUTURE MAPPING”来进行职业教育了。不管是十几岁二十几岁的年轻人还是五十多岁从事管理岗位的人，甚至已经退休的七十多岁的老人，谁都可以用“FUTURE MAPPING”来对未来的人生进行规划，如果使用的人越来越多，那么还可以互相帮助呢。

希望诸位读者也能够借此机会用FUTURE MAPPING来对自己的未来进行规划。如果觉得规划未来10年比较困难的话，先做一个3年规划也可以。总之，就是思考一个让自己变得更加幸福快乐的计划。虽然整个过程用不了20分钟，但一定可以让你发觉到许多之前从没注意到的事情，并且开始改变你现在的工作。

从现在开始到2024年，工作环境将会发生巨大的转变。如果不能够看清未来，就很容易随波逐流。只有那些能够自己规划未来，自己选择未来的人，才能够被未来所选择。

能够自己开创未来的人，不就是被未来选择的人吗?

■ 3年后的FUTURE MAPPING的制作方法

①思考自己、工作和家庭如何在3年后变得更加幸福快乐，将幸福快乐的状况写在右边的对话框里。

②从右上向左下画曲线。

③在曲线的起伏处写下自己比较在意的事，在曲线的下方画上箭头（大概6个左右）

课题：

为了让3年后的自己和家庭幸福快乐，现在应该做什么?

一句话总结

【Up】

好！/真棒！/原来如此！/明白了！/了不起！/是这么回事！/有趣！/不错！/很好！/迫不及待！/大吃一惊！/没想到！

【Down】

疲惫/垂头丧气/气愤/受够了/无聊/放弃/不满意/遗憾/没办法/遭到背叛/

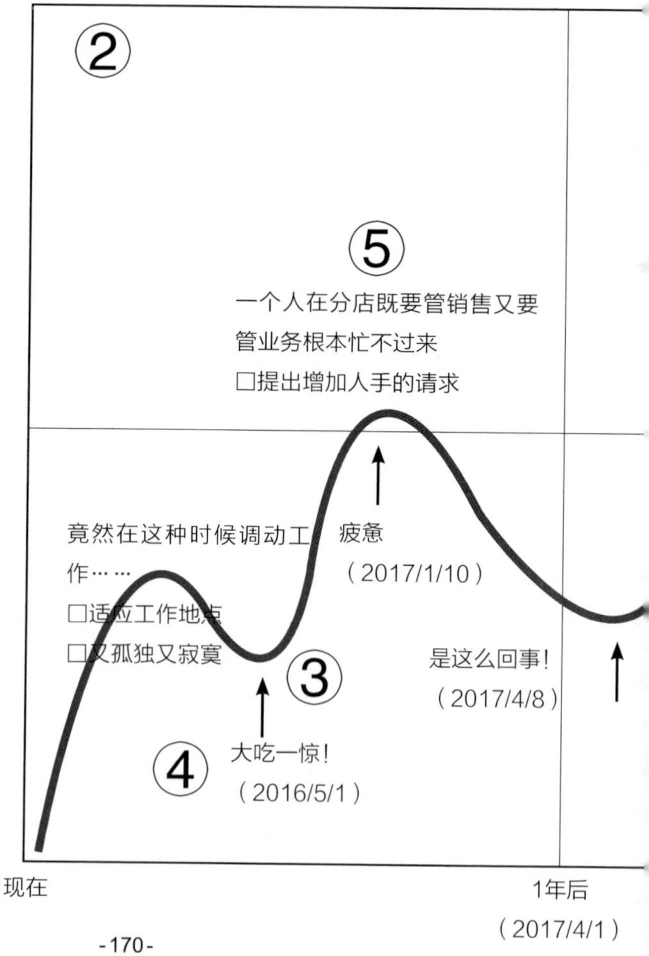

④在箭头的下方写上能够代表心情的一句话（参考一句话总结）。
⑤想象自己会采取怎样的行动，然后写在箭头的上方。
⑥都写完之后，FUTURE MAPPING就制作完成了。看着这张图思考自己现在应该做什么吧。

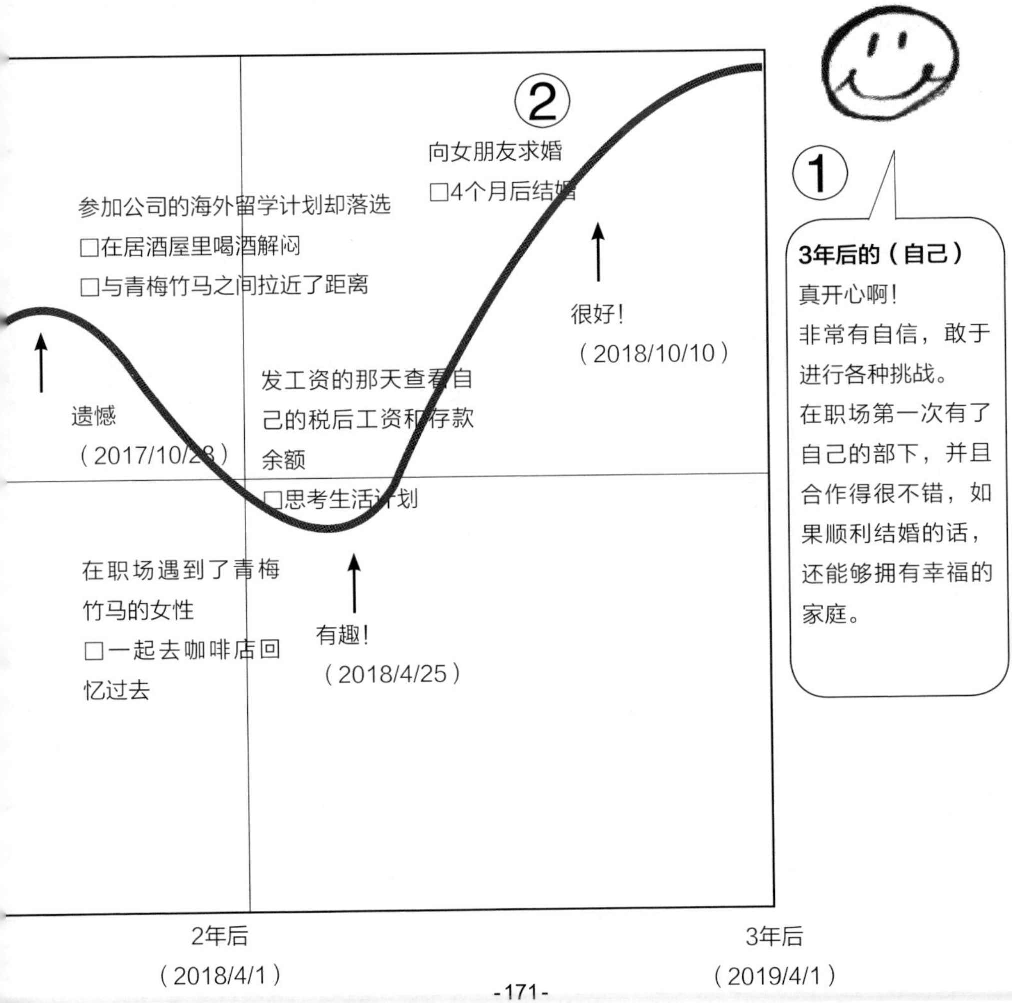

■ 试着写出3年后的FUTURE MAPPING吧！

课题
为了让3年后的自己和家庭幸福快乐，现在应该做什么?

一句话总结
【Up】
好！/真棒！/原来如此！/明白了！/了不起！/是这么回事！/有趣！/不错！/很好！/迫不及待！/大吃一惊！/没想到！
【Down】
疲惫/垂头丧气/气愤/受够了/无聊/放弃/不满意/遗憾/没办法/遭到背叛/

现在　　1年后

3年后的（自己）

2年后

3年后

后　记

◎ 2020年，45岁以上人口将占日本人口的半数以上

我的公司一直被称为“年轻的公司”，我被称为“年轻的社长”，干部都是年轻的干部，即便是这样一个年轻的公司，经过20年的经营之后再环视四周，会发现随着公司的发展员工们的年龄也在不断地增加，总经理以上的领导层全都已经40多岁，到处都是熟悉的面孔，做着一成不变的工作，公司上下充斥着同样的风景。

因为常年在一起同甘共苦，所以相互之间都非常默契，不用说也知道对方在想什么，知道什么事情能做什么事情不能做。

虽然如果商业环境不发生变化，确实没必要强迫自己去做出改变，但在我的客户企业之中就有本来发展势头非常迅猛的公司却因为

无法应对变化而衰亡的情况。在环境激变的时代如果跟不上时代的脚步，那么等待自己的只有“死亡”。

在我来东京闯荡满10年的时候，给自己开了一个小小的派对，作为我在这10年间，能够在变化如此剧烈的东京扎下根，能够用自己赚的钱支付房租的褒奖。

在我的身边有不少创业者，他们中有人成功也有人失败，有时候发现某个人好久没露面，一打听才知道这个人因为公司破产已经离开东京回老家去了，这样的事情并不少见。

就连我也在雷曼危机的时候，因为个人的资产负债表出现赤字的情况，几乎陷入破产边缘。当时我被迫搬出了租住的公寓，只能在一个非常便宜的地方安身，与亲朋好友们的联系也变少了。

真是没有任何人可以依靠，问题只能由自己来解决……

UT集团所在的雇佣服务产业的市场规模，电子产业已经超过8兆日元，如今恐怕已经达到9兆日元了吧。而日本的电力产业规模总共是17兆日元，所以有“电力、供水、雇佣服务”的说法，雇佣服务已经成为人民生活必不可少的组成部分之一。

现在，日本的总劳动人口大约有5000万人，其中接近40%也就是2000万人都是所谓的“非正规社员”。

大约十几年前，德鲁克就在《下一个社会的管理》（钻石社）中提到，未来只有能够将非正规劳动力充分地利用起来的公司才能够生存下去。

现在，包容正规、非正规、女性劳动力以及多国籍化的概念正得到普及，可以说德鲁克对未来做出了非常准确的预言。

在《下一个社会的管理》中，德鲁克指出大量雇佣应届毕业生，以终身雇佣制为前提的统一型管理即将失效。也就是说，那些被称为非正规劳动力的人，他们的入职时期不固定，入职动机可能是“离家近”“赚得多”等表面原因，也可能是“工作有趣”“培训制度很完善”等与自己将来的发展相关的原因，但是如何将这些多样化的人才充分地利用起来，是有待日本乃至全世界解决的问题，也是摆在我们眼前的课题。

回首UT集团过去20年的经营，相同的事业模式只能维持5年，不管什么样的事业最多也只能维持10年。

以我们公司为例，正式员工派遣→团队派遣→半导体特化派遣→

职业形成支援派遣……商业模式一直在随着世间的变化而改变。

同样，组织如果不保持更新的话就无法生存下去。

越是拥有大量的成功经验，拥有极强的专业意识，以及学识渊博的人，越容易失去现场感。而这是非常危险的。

本书介绍了UT集团亲测有效的职务晋升制度、股票赠予信托制度、职业教育制度以及现场表彰制度，但这些都是为了向员工更加具体地展现未来的可能性、让员工能够准确地进行评价、公平地享受待遇、并且积极地参与到公司的经营中来而采取的措施。

也就是说，这并不是唯一的答案，而是将选择权交给从业人员的经营方针。

UT集团非常重视将从业人员看做顾客的经营态度，时刻保持普世价值观，不被现状和过去的成功经验所束缚，力求能够灵活地应对变化，为创造和培养表里如一的组织与人才不断努力。

我认为最重要的一点就是要时刻保持“没关系！工作失败也不要紧，反正不会因此丢掉性命。只要能够随心所欲地享受快乐就是最大的成功！”的心态。这种积极乐观的心态，反而会成为应对变化的动力，即便遇到危机也能够顺利地克服。

未来既不是“光明”的，也不是“黑暗”的。未来就是未来。

2016年4月

UT集团株式会社董事长兼CEO　若山阳一